문화로 배우는
오모시로이 일본어

허인순·아오모리 쓰요시·김은모·오오타니 유카 지음

어문학사

まえがき

　本書は先に出した『테마별로 학습하는 오모시로이 일본어회화』と同じく、韓国の日本語学習者向けに会話能力、コミュニケーションを効率的に、楽しい雰囲気で学べるようにという願いで作ったものです。この本では、私たちが考えるべき日常的・社会的な問題を取り上げて、いろいろな観点からみつめ、自由に自分の意見を話す、ということを目標としています。

　この本は、全12課から成っています。各課は、「丁寧体の会話文」「ポイントチェック①」「普通体の会話文」「ポイントチェック②」「自由に話しましょう」の順になっています。

　授業の前に、準備をしておけば効果的です。細かい発音や文法的なことにこだわったり、間違いを恐れたりせずに、のびのびと楽しく日本語で話してコミュニケーションをとっていただくことを願っています。ユーモアに富んだ楽しい雰囲気を作ることにつとめ、学習者の知的な興味・関心に適合するようにという願いを込めましたので、その点を理解して使っていただければ幸いです。

　最後に、上記のような内容をご理解くださり、本書のような形に丁寧に作り上げてくださった語文学社の皆さまに対して、この場を借りて厚くお礼申し上げます。

著者一同

머리말

본 교재는『테마별로 학습하는 오모시로이 일본어회화』와 같이 한국의 일본어 학습자가 즐거운 분위기에서 회화능력, 커뮤니케이션을 효율적으로 습득할 수 있도록 만들어진 교재입니다. 이 교재에서는 우리들이 생각해 봐야 하는 일상적·사회적인 문제를 여러 가지 관점에서 바라보며, 자유롭게 자신의 의견을 말하는 것을 목표로 하고 있습니다.

이 교재는 총 12과로 구성되어 있으며, 각 과는 「정중체 회화문」, 「포인트 체크 ①」, 「친밀체 회화문」, 「포인트 체크 ②」, 「자유롭게 이야기 합시다」의 순으로 되어 있습니다.

수업 전에 미리 예습을 해 두면 효과적입니다. 세세한 발음이나 문법적인 것에 얽매이거나 실수를 두려워하는 일 없이, 편안하고 자유롭게 일본어로 커뮤니케이션이 이루어지기를 바랍니다. 화제에 풍부한 재미를 곁들여 즐거운 분위기가 만들어지도록 노력했으며, 학습자의 지적인 흥미와 관심에 적합하도록 배려하였으므로 이 점을 이해하며 사용해 주시길 바랍니다.

마지막으로 위의 내용을 이해해 주시고 본교재의 출판에 힘써 주신 어문학사 관계자분들께 이 자리를 빌려 깊은 감사의 말씀을 드립니다.

저자 일동

| 차례 |

■ 머리말 02

第1課 新歓コンパ (しんかん) 08
  ❶ ～ていただく／お～いただく
  ❷ ～たいと思っている
  ❸ ～のだ
  ❹ ～ようになる

友達の家を訪問する (ともだち いえ ほうもん) 12
  ❶ ～(た)とこ(＝～(た)ところ)
  ❷ 疑問詞 ＋ ～ばいい
  ❸ ～よね

第2課 花見 (はなみ) 18
  ❶ ～てくる
  ❷ ～始める
  ❸ ～(た)方がいい
  ❹ ～の方が～

梅の名所 (うめ めいしょ) 22
  ❶ ～って
  ❷ ～んだよね
  ❸ だから

第3課 病気 (びょうき) 28
  ❶ ～って言っている
  ❷ ～というのがある
  ❸ 何も～ない
  ❹ ～から～にかけて

運動 (うんどう) 32
  ❶ ～ようと思う
  ❷ 何か～
  ❸ 勧めの「～たら」
  ❹ ～といい

第4課	結婚式 38	❶ そもそも ❷ 〜なんて ❸ そういえば
	日本の結婚式に招待されて 42	❶ 〜のこと ❷ 〜ないといけない ❸ いいと思う ❹ 〜ちゃだめだ
第5課	夏休みの計画 48	❶ せっかく ❷ 疑問詞＋か ❸ 〜し ❹ 絶対
	空港で会う 52	❶ 〜なんて ❷ 人名詞＋の所に（へ） ❸ 〜てもらおう ❹ 〜かなあと
第6課	異常気象 58	❶ 毎日のように ❷ 〜ずに（＝〜ないで） ❸ 言われてみれば ❹ いわゆる
	災害 62	❶ 逆に ❷ 〜かも ❸ 〜として ❹ 〜かな

第7課	秋茄子は嫁に食わすな 68	❶ 〜っていう（＝という）＋名詞 ❷ あるいは ❸ 〜でもある ❹ 〜をいう言葉
	収穫の秋 72	❶ 〜（る）気にならない ❷ あと ❸ 〜（た）ついでに ❹ 〜なぁ
第8課	まつり 78	❶ 〜っけ ❷ 〜一色 ❸ 〜とは思えません ❹ 似たような〜
	大学祭 82	❶ 〜じゃん ❷ やっぱり ❸ 〜だと（条件表現） ❹ 盛り上がる
第9課	祝日 88	❶ すっかり ❷ ところで ❸ それから ❹ 〜のことだ
	旅行 92	❶ 出かける ❷ でも〜 ❸ 〜のは

第10課	面接の準備 98	① おかげさまで
		② ～ようにする
		③ 他には
		④ ～てしまう
	面接の経験談 102	① ～でしょ（う）（確認）
		② その後
		③ ～とか
		④ ～のことだから

第11課	年賀状 108	① ～てある
		② ～といいな（あ）
		③ ～(の)ではないですか
	クリスマス 112	① ～んじゃないの？
		② ～とは関係なく
		③ で

第12課	将来 118	① 無駄
		② ～にとって
		③ ～まま
		④ ～ではなくなる
	夢 122	① なんとなく
		② ～って言われる
		③ ～じゃない（断定）

■ 해설집 128

第1課

新歓(しんかん)コンパ

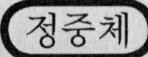 정중체

山中美香(やまなかみか)　ギター同好会の皆さん、こんばんは。みんな揃ったみたいなので、そろそろ始めましょうか。

高橋和夫(たかはしかずお)　そうですね。では、木村さん、乾杯の音頭をお願いします。

木村隆(きむらたかし)　会長の木村です。今日はこのような会に集まって<u>いただき</u>、ありがとうございます。せっかくの機会なので、ざっくばらんに語り合いましょう。それでは、みんなで盛り上がりましょう。乾杯！

高橋和夫(たかはしかずお)　じゃあ、こちらから順番に自己紹介をお願いします。

鈴木綾(すずきあや)　はじめまして。私は鈴木です。中学生の時からギターをやっています。入試のため、1年くらいやってませんが、大学に入学したのでまたやり<u>たいと思っています</u>。よろしくお願いします。

イ・ユリ	2年生のイです。小学5年の時に始めました。よろしくお願いします。
キム・ウビン	法学部の3年生のキムです。韓国から来ました。ギターはまったくできなかった**のです**が、皆さんに教えていただいたおかげで、少し弾ける**ようになりました**。これからもよろしくお願いします。

✅ ポイントチェック①

1　～ていただく／お～いただく　～해 주시다

「～てもらう」의 겸양 표현이다. 앞에는 상대의 행동을 나타내는 동사가 오며, 화자가 상대의 행동에 대한 감사함을 나타낼 때 쓰인다.

- 先日、社内で私の誕生日祝いをしていただきました。
- 先生に薦めていただいた参考書を購入しました。
- 雨の中お越しいただきありがとうございます。
- この度は、お手伝いいただき大変助かりました。

> cf)「～させていただく(～하겠습니다)」는 자기 행동을 낮추어 표현할 때 쓰인다.
> - 来週の木曜日は、都合によりお休みさせていただきます。

2　～たいと思っている　～하려고 (생각)하고 있다

장래의 불확실한 계획이나 예정에 대한 자신의 희망을 말할 때 쓰인다. 유사한 표현에 「～ようと思っている」가 있는데 「～たいと思っている」보다 계획이나 예정이 실현에 더 가까울 경우에 쓰인다.

- 市内に家を建てたいと思っています。
- 犬を飼いたいと思っています。
- 年内にはぜひ結婚したいと思っています。
- 海外旅行に行きたいと思っています。

3　～のだ　～것이다

말하고자 하는 내용을 설명조로 표현하거나, 화자의 강한 주장이나 결의를 나타낼 때 쓰인다.

- 彼はきっと何かを考えているのです。
- パスワードを忘れてしまったのですが。
- 入院はしなかったのですが、手術を受けました。
- 人生楽しければいいのです。

4　～ようになる　～하게 되다

상태의 변화를 나타낸다. 불가능한 상태에서 가능한 상태로 변화하는 것을 나타내는 경우가 많아, 가능동사와 같이 자주 쓰인다.

- 新しい支払方法が選べるようになりました。
- 何を勉強すればアプリを作れるようになりますか？
- ホームページからも申し込みができるようになりました。
- リハビリを続ければきっと歩けるようになりますよ。

友達の家を訪問する

친밀체

高橋和夫	もしもし。
イ・ユリ	あ、もしもし。今、駅に着い<u>たとこ</u>なんだけど。
高橋和夫	遅かったね。
イ・ユリ	うん、出る時にちょっとバタバタして。駅からどうやって行<u>けばいい</u>？
高橋和夫	西口に出たんだ<u>よね</u>？
イ・ユリ	うん、そうだよ。
高橋和夫	薬局のある通りをまっすぐ行って。
イ・ユリ	薬局のある通りね。
高橋和夫	そして、公園の所で左に曲がって。

イ・ユリ	公園で左ね。
高橋和夫	しばらく歩くと、コンビニが見えるから。コンビニまで来たら、また連絡して。
イ・ユリ	わかった。じゃあ、あとで電話するよ。

ポイントチェック②

1　〜(た)とこ(＝〜(た)ところ)　막 〜하는 참

현재가 어떤 동작이 막 완료된 시점임을 나타낼 때 쓰인다.

- それでちょうど呼びに行こうとしてたとこなんですよ。
- 今ちょうどご飯できたとこだよ。
- 私もさっき戻って来たところなんですが。
- その件については私も今、聞いたところで何もお話できません。

> cf) 아래의 예문은「ところ」의 본래 의미인 장소(〜곳)를 나타낸다.
> - 今日習ったところをよく復習しておくこと。

2　疑問詞 + 〜ばいい　〜면 돼?

의문사와 함께 쓰여 상대에게 답이나 조언을 구하는 표현이다.

- 悩み事がある時、誰に話せばいいの？
- 大学の卒業式って何着ればいいの。
- まず何から始めればいいの？
- 自己PRってどんなことを書けばいい？

3 ～よね　～지, ～죠

인토네이션이 상승조이면 상대방에게 어떤 사실을 확인하고 있음을 나타내고, 하강조일 경우에는 화자의 의견을 말하고 있음을 나타낸다.

- 見覚えがあるんだけど、どこかで会いましたよね？
- この企画、僕のアイディアですよね？
- 夫婦喧嘩は犬も食わないよね。
- あのスーパーで売っている魚はいつも新鮮だよね。

メモ

自由に話しましょう

1. クラスのみんなに自己紹介をしてみましょう。

2. 何かのサークルに所属していますか。どんなサークルですか。
   サークルに所属していない人は、どうして所属しないのですか。

3. コンパをよくしますか。どんなときにしますか。

4. どんな時に、だれとお酒を飲みますか。

5. 自分の親しい友達について話しましょう。どんなことがきっかけで親しくなったのですか。

第1課 単語

新歓コンパ

新歓(しんかん) 신입생 환영
コンパ 컴퍼, 모임
同好会(どうこうかい) 동호회
揃う(そろう) 갖추다, 다모이다
音頭(おんど) 선창
せっかく 모처럼
ざっくばらんに 허심탄회하게
語り合う(かたりあう) 서로 이야기하다
盛り上がる(もりあがる) 고조되다
順番に(じゅんばんに) 순서대로
入試(にゅうし) 입시

【ポイントチェック】

祝い(いわい) 축하
薦める(すすめる) 추천하다
お越し(おこし) '오다', '가다'의 높임말
飼う(かう) 기르다
パスワード (컴퓨터) 비밀번호
手術(しゅじゅつ) 수술
支払い(しはらい) 지불
アプリ 어플
ホームページ 홈페이지
リハビリ 재활

友達の家を訪問(ほうもん)する

バタバタ 허둥지둥
西口(にしぐち) 서쪽입구
薬局(やっきょく) 약국
通り(とおり) 길
曲がる(まがる) 돌다

【ポイントチェック】

悩み事(なやみごと) 고민
見覚えがある(みおぼえがある) 본 기억이 있다
企画(きかく) 기획
夫婦喧嘩(ふうふげんか) 부부싸움

第2課

花見
はなみ

정중체

イ・ユリ	この頃、暖かくなっ<u>てきました</u>ね。
高橋和夫	そうですね。昼間は暑いくらいですね。
イ・ユリ	そういえば、桜が咲き<u>始めた</u>みたいです。
高橋和夫	大村公園は、先週、八分咲きだったそうです。
イ・ユリ	じゃあ、今週が見頃かもしれませんね。
高橋和夫	ええ、そうですね。一緒に花見に行きましょうか。
イ・ユリ	いつ行きますか。葉桜になる前に行った<u>方がいい</u>ですね。
高橋和夫	週末は人が多いだろうから、平日<u>の方</u>がいいんじゃないですか。
イ・ユリ	そうですね。明日はどうですか。
高橋和夫	夕方までアルバイトがあるから、その後なら大丈夫です。
イ・ユリ	じゃあ、夜桜が楽しめそうですね。

高橋和夫　ええ、そうですね。韓国でも花見をしますか？

イ・ユリ　はい。韓国では、歩きながら花見をします。屋台で食べ物を売っているので、買って食べますよ。日本のように桜の木の下に座って、弁当を食べたりしないんですよ。

高橋和夫　じゃあ、日本みたいに場所取りをしないんですか？

イ・ユリ　もちろん、しませんよ。

✓ ポイントチェック①

1　～てくる

변화가 생기기 시작함을 나타낼 때 쓰인다.

- 雨が降ってきたけど、傘を持ってないから入れてもらっていい？
- お酒を飲んだので、顔が赤くなってきた。
- あなたの性格がだんだん分かってきました。
- 満開だった桜も散り、だんだん暖かい季節になってきました。

> cf) 변화나 동작이 과거부터 계속되고 있음을 표현하거나, 이제까지 없었던 것이 나타남(출현)을 표현할 때도 쓰인다.
> - 10年も同じ仕事をやってきた。(계속)
> - 乳歯はいつ生えてくるんですか？ (출현)

2　～始める　～하기 시작하다

동사의 연용형에 접속하여 동작의 시작 시점을 나타낼 때 쓰인다.

- 彼女は一度しゃべり始めたら、なかなか止まらない。
- 同僚とお酒を飲み始めたとたん、妻から電話がかかってきた。
- クレジットカードを使い始める前に知っておくべきことがあります。
- 大学を中退して専門学校に通い始めました。

3 ～(た)方がいい　　～것(편)이 낫다

더 좋은 것을 제시하며 조언하는 표현이다.

- 新しい仕事を探した方がいいです。
- なぜ保険に入った方がいいの？
- 今日は早くうちへ帰った方がいいですよ。
- 一度やってみた方がいいですよ。

4 ～の方が～　　～이(가) 더 ～

앞에 비교할 대상의 명사가 와서 그것이 더 우위임을 나타낸다.

- 今どきの子供はこっちのおもちゃの方が好きらしい。
- 太郎より次郎の方がお給料がいい。
- 氷は空気中より水中の方がとけやすい。
- こっちの方が使いやすそうだな。

梅の名所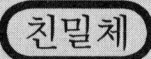

キム・ウビン	梅の名所はどこ？
山中美香	水戸の偕楽園が有名だよ。
キム・ウビン	偕楽園<u>って</u>、日本三名園の1つだよね。
山中美香	そうだよ。
キム・ウビン	金沢の兼六園と岡山の後楽園には行ったことがあるけど、偕楽園には行ったことがない<u>んだよね</u>。
山中美香	へえ、そうなんだ。
キム・ウビン	うん、<u>だから</u>、偕楽園に1回、行ってみたいと思ってるんだ。
山中美香	ぜひ、行ってみてよ。園内には100種、3,000本の梅が植えられてるの。

キム・ウビン	うわあ、すごいね。
山中美香	確か2月の下旬から3月末頃まで梅まつりの期間だと思う。
キム・ウビン	ますます行きたくなっちゃった。

ポイントチェック②

1 〜って

앞에 화제로 삼을 내용이 오며 그 화제에 대해 말할 때 쓰인다.

- 月々の光熱費って、大体いくらぐらい払ってますか？
- 女の勘って当たるんです。
- 妻が怖い、ってどんな心境ですか？
- 犬を飼う(の)って素敵ですか。

2 〜んだよね

「〜よね」는 상승조 인토네이션으로 말하면 화자의 지식을 상대방에게 확인하는 역할을 한다. 본문의「〜んだよね」의 경우는 자연 하강조 인토네이션으로 말하며, 화자의 생각이나 주장을 나타내는 표현이다.

- 笑うだけで楽しくなるんだよね。
- 週末はいつも暇なんだよね。
- ゆっくりでもいいんだよね。
- たった一言が出てこないんだよね。

3 だから　그러니까, 그래서

앞 문장을 이유나 원인으로 해서 일어나는 결과에 대해 말할 때 사용한다.

- 恥ずかしがり屋だ。だから人前ではあがってしまう。
- だからね、今度の夏休みにハワイに連れて行って。
- 親切な人だ。だからみんなに好かれる。
- だから、どうすればいいの？

メモ

自由に話しましょう

1．何の花が好きですか。なぜですか。

2．どんな時に花を買いますか。

3．花見をしますか（しましたか）。だれとどこに行きますか（行きましたか）。

4．日本のような花見と韓国のような花見のどちらが好きですか。

5．韓国で花見の有名な場所はどこですか。

第2課 単語

花見

- 昼間（ひるま） 낮
- 八分咲き（はちぶざき） 꽃이 8할 정도 핌
- 見頃（みごろ） 구경에 가장 알맞은 시기
- 葉桜（はざくら） 새 잎이 날 무렵의 벚나무
- 夜桜（よざくら） 야간 벚꽃놀이
- 屋台（やたい） 포장마차
- 場所取り（ばしょとり） 자리잡기

【ポイントチェック】
- 満開（まんかい） 만개
- 散る（ちる） (꽃이) 지다
- 同僚（どうりょう） 동료
- クレジットカード 현금카드
- 中退（ちゅうたい） 중퇴
- 保険（ほけん） 보험
- おもちゃ 장난감
- 給料（きゅうりょう） 급료
- 氷（こおり） 얼음
- とける 녹다

梅の名所

- 名所（めいしょ） 명소
- 三名園（さんめいえん） 3대 명정원
- 園内（えんない） 정원 안
- 植える（うえる） 심다

【ポイントチェック】
- 光熱費（こうねつひ） 광열비
- 女の勘（おんなのかん） 여자의 감
- 心境（しんきょう） 심경
- たった 단, 단지
- 人前（ひとまえ） 사람들 앞
- あがる 긴장하다
- 好く（すく） 좋아하다

第3課

정중체

病気(びょうき)

キム・ウビン	佐藤さんは、今日も休みですか。
山中美香	ええ、そうみたいです。
キム・ウビン	ゴールデンウィークが終わってから、ほとんど学校に来てないですね。
山中美香	そうですよね。私も心配しています。体がだるくて、やる気が出ない<u>って言ってました</u>。
キム・ウビン	それって、五月病じゃないですか。
山中美香	やっぱりそう思いますか。
キム・ウビン	連休前は、毎日がんばっていたのに。
山中美香	韓国にも五月病はありますか？
キム・ウビン	五月病とはちょっと違うのですが、月曜病<u>というのがあります</u>よ。
山中美香	それはどういう病気ですか？

キム・ウビン	月曜日になったら、<u>何も</u>やる気が<u>なくなる</u>んです。
山中美香	へえ、そうなんですか。日本では、「サザエさん症候群」というのがありますよ。
キム・ウビン	それは何ですか？
山中美香	日曜日の夕方<u>から</u>深夜<u>にかけて</u>、特にフジテレビ系列で6時半から放映される「サザエさん」というアニメがあります。それを見た後に、明日からまた学校に行って勉強したり、会社で仕事をしなければならないという現実に直面して憂うつになって、体調不良や倦怠感を訴える症状です。

✅ ポイントチェック①

1　〜って言っている　〜라고 했다

타인의 말을 인용하여 전할 때 쓰인다.

- 無線ＬＡＮ、無料って言ってました。
- 自分は駄目だって言っていました。
- 彼も楽しかったって言ってました。
- もう終わったって言ってました。

2　〜というのがある　〜라는 것이 있다

이미 존재하는 것을 구체적으로 제시하며 말할 때 쓰인다.

- その解決策の一つに、スポンサーをつけるというのがあります。
- ドラマやマンガの定番のひとつに血の繋がらない兄妹の恋愛・結婚というのがあります。
- ビジネスマナーに「電話は3コール以内で応答」というのがある。
- 弓道にも昇段試験というのがある。

3 何も〜ない

완전 부정을 나타낸다. 사람의 경우에는「だれも〜ない」, 장소는「どこも〜ない」가 쓰인다.

- 夏ばてで食欲がない。何も食べたくない。
- うちの妹は内気なので、何も言えないんだよね。
- これさえあれば、何もいらない。
- 落ちるところまで落ちた。もう何も怖くない。

4 〜から〜にかけて　〜에서 〜에 걸쳐, 〜에서 〜사이에

시간이나 공간 등의 범위를 나타낸다.

- 昨日東北地方から関東地方にかけて弱い地震があった。
- 朝7時半から9時にかけてバスが込み合います。
- 台風は毎年、夏から秋にかけて日本を襲う。
- 一丁目から三丁目にかけて、道路の工事が行われている。

運動(うんどう)

친밀체

高橋和夫	ちょっと痩せたんじゃない?
イ・ユリ	そう? 実は、ジョギングをしてるの。
高橋和夫	いつから?
イ・ユリ	2週間くらい前から。
高橋和夫	どうして?
イ・ユリ	もうすぐ夏だから、痩せ<u>ようと思って</u>。和夫君は、<u>何か</u>してる?
高橋和夫	ぼくは足が痛いから……。
イ・ユリ	病院に行っ<u>たら</u>?
高橋和夫	今、整形外科に通ってるんだ。
イ・ユリ	そう。早く良くなる<u>といいね</u>。良くなったら一緒に運動しようよ。

高橋和夫　　　そうだね。ぼく、ダイエットをしようと思っても三日坊主でいつも続けられないんだよね。

イ・ユリ　　　そうなんだ。じゃ、次は必ず成功させようね。

✅ ポイントチェック②

1 ～ようと思う　～하려고 하다

앞으로의 계획, 결심 등을 표현할 때 쓰인다.

- あしたは早く起きようと思います。
- 自分用の記録として残しておこうと思います。
- 1度に2つのことをしようと思うな。
- 今週末はDVDを観て過ごそうと思っています。

2 何か～　뭐~, 뭔가~

어떤 것이라고 확실히 제시할 수 없을 때 쓰인다.

- 何か人のためになることを始めたい。
- 最近、生活にメリハリがないんだけど、何か面白いこと、ないかなあ。
- 小腹がすいたんだけど、何か食べ物、ない？
- 粘土で何かを作ってみたい。

> cf) 왜 그렇게 느끼는지 확실하지 않을 때 쓰이는 경우도 있다. 왠지~
> - 何か気味が悪い。

3 勧めの「〜たら」

「〜たらどうか」의 「どうか」가 생략된 것으로, 상대에게 어떤 행위를 권유할 때 쓰이며 상승조로 발음한다. 「〜ば」라고도 하나, 「〜たら」가 상대에게 진심으로 권유하는 뉘앙스가 있다.

- クリアランスセールですよ。気に入ったもの、買っ<u>たら</u>？
- 足痛いでしょう？　座っ<u>たら</u>？
- そんなに彼女のことが好きだったら直接好きって言っ<u>たら</u>？
- この本、おもしろいから読んでみ<u>たら</u>？

4 〜といい　〜면 좋겠다

어떠한 일이 이루어지길 바라는 화자의 희망을 나타낸다.

- 今年こそいいことがある<u>といい</u>ね。
- 明日は釣れる<u>といい</u>なあ。
- この引っ越し祝い、気に入ってくれる<u>といい</u>な。
- またお会いできる<u>といい</u>ですね。

自由に話しましょう

1．三連休があったら、何をしたいですか。

2．日曜日の夕方から深夜にかけて、何をしていますか。

3．疲れた時やストレスがたまった時どうしますか。

4．風邪をひいたとき、何を食べたり飲んだりしますか。

5．学校に行きたくないと思うことはありますか。それはどんな時ですか。

第3課 単語

病気

ゴールデンウィーク　황금 연휴

だるい　나른하다

連休(れんきゅう)　연휴

症候群(しょうこうぐん)　증후군

系列(けいれつ)　계열

放映(ほうえい)　방영

直面(ちょくめん)　직면

憂(ゆう)うつ　우울

体調不良(たいちょうふりょう)　몸이 아픔

倦怠感(けんたいかん)　권태감

訴(うった)える　호소하다

症状(しょうじょう)　증상

【ポイントチェック】

無線(むせん)　무선

駄目(だめ)だ　불가능하다, 안된다

解決策(かいけつさく)　해결책

つける　붙이다

繋(つな)がる　연결되다

応答(おうとう)　응답

弓道(きゅうどう)　궁도

昇段試験(しょうだんしけん)　승단시험

夏(なつ)ばて　여름을 탐

内気(うちき)　내성적

襲(おそ)う　덮치다

工事(こうじ)　공사

運動

痩(や)せる　살이 빠지다

ジョギング　조깅

整形外科(せいけいげか)　정형외과

ダイエット　다이어트

三日坊主(みっかぼうず)　싫증이 나서 오래 못함

【ポイントチェック】

生活(せいかつ)のメリハリ　생활의 탄력

小腹(こばら)がすく　배가 조금 고프다

粘土(ねんど)　점토

気味(きみ)が悪(わる)い　어쩐지 기분이 나쁘다

クリアランスセール　창고 정리 대매출

釣(つ)れる　낚이다

引(ひ)っ越(こ)し祝(いわ)い　집들이 선물

結婚式
けっこんしき

정중체

キム・ウビン	来月、金先生の息子さんが結婚するそうですね。
山中美香	そうですね。結婚式に行きますか？
キム・ウビン	私は行くつもりです。金先生にはお世話になったので。
山中美香	私はどうしようかな。私も金先生にはお世話になったけど、息子さんには1度も会ったことがないから。
キム・ウビン	私も息子さんには1度も会ったことがないですよ。
山中美香	えー、そうなんですか？ 日本だったら、行かないですよ。
キム・ウビン	どうしてですか？
山中美香	結婚式に招待されない人は、行くことができません。<u>そもそも</u>、結婚式に招待されるのは、結婚する

	本人の友達や仕事関係の人が中心です。1度も会ったことがない人が招待されること**なんて**ありませんよ。
キム・ウビン	へえ、そうなんですか。韓国とは違いますね。
山中美香	あ、**そういえば**、金先生の息子さんは社内結婚らしいですよ。
キム・ウビン	そうなんですか？
山中美香	相手の女性は3つ年上で、姉さん女房らしいですよ。
キム・ウビン	なぜ、そんなことまで知ってるんですか？
山中美香	金先生に聞いたんです。

✅ ポイントチェック①

1 そもそも   원래, 애당초

화제가 되고 있는 것의 전제가 되는 것을 다루고자 하는 경우에 사용된다.

- そもそも、なぜトイレの表示は男が青、女が赤なのか？
- そう考えるのがそもそも間違っている。
- 研修ってそもそもなんのためにやるんですか？
- そもそもなぜ君まで来たんだ？

2 ～なんて

예시를 나타내는「などと」와 같은 표현으로 허물없는 사이에 쓰인다.

- いやだなんて言えないよ。
- 黒崎くんの言いなりになんてならない。
- 社会に出ると学歴なんて関係ない。
- 「君は美しい」なんてなかなか言えない。

3 そういえば 그러고 보니

대화 내용에 관련된 어떤 것이 생각났을 때 사용하는 표현이다.

- そういえば、まだ私のメモを持っていましたよね。
- そういえばうちから歩いて15分くらいの神社に洞窟があるらしい。
- そういえば聞いたことがある。
- そういえばそろそろ8月も終わりですね。

メ　モ

日本の結婚式に招待されて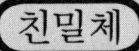

イ・ユリ	ちょっと聞きたいことがあるんだけど。いい？
高橋和夫	うん、どうぞ。
イ・ユリ	実は日本人の友達からこれが送られてきたの。
高橋和夫	ああ、結婚式の招待状だね。もちろん、出席するんだろう？
イ・ユリ	うん。それで、お祝いをあげたいんだけど、日本ではふつうどんなものをあげるの？
高橋和夫	うーん、まあ、たいていはお金だね。
イ・ユリ	あのう、それから着るもの<u>のこと</u>なんだけど、やっぱりロングドレスを着<u>ないといけない</u>？
高橋和夫	そうだねえ。長くなくても<u>いいと思う</u>よ。だけど、カジュアルな服装だと失礼だから、やっぱりきちんとしたかっこうじゃないといけないだろうね。

イ・ユリ　　　うん、わかった。

高橋和夫　　あ、それから、花嫁さんよりきれいになっ<u>ちゃダメ</u>だよ。

イ・ユリ　　　ハハハ、それは大丈夫よ。いろいろありがとう。おかげで助かったわ。

高橋和夫　　どういたしまして。

✅ ポイントチェック②

1 ～のこと

명사에 붙어 그 명사와 관련된 것들을 모두 포함하여 나타내고자 할 때 쓰인다.

- 彼女は僕が思っていたよりも、ずっと僕のことを愛してくれていた。
- 本当のことを教えてあげたらきっとみんな仲良しになると思うの。
- 税金のことを楽しくわかりやすく学べます。
- 病気のことは医者に聞くのが一番だ。

2 ～ないといけない　～해야 한다

어떤 일을 하는 데에 필요함, 의무임을 나타낼 때 쓰인다.

- そろそろ、帰らないといけません。
- ID、パスワードはログインの都度入力しないといけませんか？
- ミスをなくさないといけません。
- 大事なノウハウを伝えないといけません。

3 いいと思う

개인적으로 좋다고 판단할 경우에 쓰인다.

- こういう企画、いいと思わない？
- ばれなければ法律を無視してもいいと思いますか。
- 誰かの役に立てればいいと思う。
- コストパフォーマンスはいいと思う。

4 ～ちゃだめだ　～해서는 안 된다

「～てはだめだ」의 축약 표현. 금지를 나타낸다. 「～てはいけない」와 같다.

- ニキビは絶対潰しちゃ駄目だよ。
- これまで長い間「妊婦は温泉に入っちゃだめ！」と言われてきました。
- そんなふうに諦めちゃダメだよ。
- 失敗を恐れていちゃダメだ。

自由に話しましょう

1. 男性より女性が年上のカップルについてどう思いますか。

2. 韓国のように、1度も会ったことがない人の結婚式に参加することについてどう思いますか。

3. 日本では、社内恋愛を禁止している会社がありますが、どう思いますか。

4. 独身生活と結婚生活のメリットとデメリットについて話しましょう。

5. 離婚についてどう思いますか。

第4課 単語

結婚式

世話(せわ)になる	신세를 지다
招待(しょうたい)	초대
本人(ほんにん)	본인
3つ年上(みっつとしうえ)	3살 위
姉(ねえ)さん女房(にょうぼう)	연상 부인

【체크포인트】

表示(ひょうじ)	표시
研修(けんしゅう)	연수
言(い)いなりになる	하라는 대로 하다
学歴(がくれき)	학력
洞窟(どうくつ)	동굴

日本の結婚式に招待されて

招待状(しょうたいじょう)	초대장
お祝(いわ)い	축하, 축하선물, 축하행사
カジュアル	캐주얼
服装(ふくそう)	복장
花嫁(はなよめ)	신부
助(たす)かる	살아나다, 도움이 되다

【ポイントチェック】

仲良(なかよ)し	사이가 좋음
税金(ぜいきん)	세금
都度(つど)	…때마다
ノウハウ	노하우
ばれる	들통나다
法律(ほうりつ)	법률
役(やく)に立(た)つ	도움이 되다
コストパフォーマンス	비용대효과
ニキビを潰(つぶ)す	여드름을 짜다
妊婦(にんぷ)	임산부
諦(あきら)める	포기하다
失敗(しっぱい)を恐(おそ)れる	실패를 두려워하다

第5課 夏休みの計画

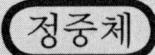

高橋和夫	もうすぐ夏休みですね。
イ・ユリ	そうですね。夏休みはどうする予定ですか？
高橋和夫	<u>せっかく</u>のまとまった休みだから、1か月くらいアルバイトをして、そのお金で<u>どこか</u>海外に行って過ごそうと思っています。国内旅行するよりも安い<u>し</u>。
イ・ユリ	どんなアルバイトをするつもりですか？
高橋和夫	コンビニでしようかと思っています。イさんは夏休み、どうするんですか？
イ・ユリ	私は日本語の勉強をするつもりです。
高橋和夫	へえ、勉強熱心ですね。
イ・ユリ	そんなことはないけど。JLPTでN1級をとらないと、交換留学に行けないから。

高橋和夫　　そうなんだ。大変ですね。

イ・ユリ　　去年も夏休みの間に日本語の勉強をしてN1級をとろうと思ったんだけど、結局、勉強があまりできなかったから。今年は<u>絶対</u>勉強して、N1級に合格したいんです。

ポイントチェック①

1 せっかく

노력으로 이루어진 행위나 좋은 기회 등을 나타내는 명사와 함께 쓰여, 유용하게 이용하지 못한 아쉬움이나 이용하는 것이 좋다고 생각할 때 사용한다.

- <u>せっかく</u>の休みなんだから、どこかに出掛けよう。
- <u>せっかく</u>のお誘いですが、どうしても外せない用事がありお伺いすることができません。
- <u>せっかく</u>だから、一緒に行こうよ。
- <u>せっかく</u>の晴れ舞台が台無しになった。

> cf) 상대의 제안을 받아드릴 때, 문장 앞에서 사용한다.
> - <u>せっかく</u>ですから、遠慮なくいただきます。

2 疑問詞 ＋ か

어떤 일에 대해 확실히 모르거나, 구체적으로 정해져 있지 않은 경우에 사용한다.

- <u>だれか</u>連れて行かなくちゃ。
- 知っていると<u>いつか</u>役にたつかも知れない。
- <u>なぜか</u>金曜日の夜になるとチキンが食べたくなっちゃう。
- 「<u>何か</u>楽しい事ないかなぁ？」「<u>何か</u>面白い事起きないかな？」なんてよく思います。

3 ～し

용언의 기본형에 붙어 어떤 상황을 나열하거나, 이유를 나타낼 때 쓰인다. 이유를 나타내는 경우는 또 다른 이유도 있다는 뉘앙스가 포함되어 있다.

- また宮古島にも行ける<u>し</u>嬉しいよ。
- お酒は飲めないよ。僕、まだ未成年だ<u>し</u>。
- 冬は寒い<u>し</u>、乾燥する<u>し</u>、つらいよね。
- 秋田課長は穏やかだ<u>し</u>、部下の面倒見もいい。

4 絶対　절대, 꼭

「必ず～」와 같은 의미로, 화자의 확고한 생각을 나타낸다.

- あれは<u>絶対</u>ウソだと思います。
- いつか<u>絶対</u>世界一周旅行がしたいんだ。
- シールを集めて応募すると、ご希望の賞品が<u>絶対</u>もらえます。
- コンサートの無料チケットをもらったんだったら<u>絶対</u>行った方がいいよ。

cf) 부정표현과 쓰이는 경우에는「決して～(절대, 결코)」라는 의미를 가진다.

- 面白半分で<u>絶対</u>やってはいけません。

空港で会う

친밀체

高橋和夫	ユリちゃん、こんにちは。
イ·ユリ	あ、こんにちは。
高橋和夫	こんな所で会う<u>なんて</u>。
イ·ユリ	そうだね。日本に帰るの？
高橋和夫	うん、夏休みだから。1か月くらい。ユリちゃんは？
イ·ユリ	私はオーストラリアに。友達がいるから。
高橋和夫	へえ、いいなぁ。じゃあ、飛行機のチケットだけ買ったの？
イ·ユリ	うん、そう。友達<u>の所</u>に泊<u>めてもらおうかなあと</u>。
高橋和夫	お金は両替した？
イ·ユリ	もちろん。うちの近くの銀行で。

高橋和夫　　気をつけて行ってきてね。

イ・ユリ　　うん、ありがとう。和夫君も日本でゆっくりしてきてね。

高橋和夫　　ありがとう。あ、そうだ。日本のお土産、何か買ってくるね。

イ・ユリ　　えっ、本当！？　うれしい！　じゃあ、私もオーストラリアで何か買ってくるね。

ポイントチェック②

1 ～なんて　～다니

의외의 놀람이나 경시하는 기분을 나타낸다.

- 化粧しないで外に出るなんて!!
- あれだけ一生懸命準備したのに駄目だったなんて。
- あの子が金メダルを取るなんて。
- 広告がこんなに面白いなんて。

2 人名詞 ＋ の所に(へ)　～에게

일본어는 사람이 장소를 나타내지 못함으로「のところ」와 함께 쓰여 그 사람이 있는 장소를 나타낸다.

- 先生のところに伺いたいんですが……。
- 私の所にまだ連絡がきません。
- 日本中のお友達のところへ遊びに行きます。
- 市の職員が皆さんの所へ出向きます。

3　〜てもらおう

화자에게 이익이 되는 행위를 상대에게 하게 하겠다는 의지를 나타낼 때 쓰인다.

- 商品をたくさんの人に使ってもらおう。
- あなたに元気になってもらおうと思って、いいお話を持って来たんです。
- 行けないなら来てもらおう。
- 事件について知っていることを正直に話してもらおう。

4　〜かなあと

불확실함으로 인해 생기는 의문이나 망설임을 나타낼 때 쓰인다.

- どうしようかなあと迷っている人、いますか？
- こんな感じにしようかなあと思ってる。
- 最初のうちは何も変化がなく、やる意味があるのかなあと、不安でした。
- この人は、自分に気があるのかなあと感じる時ってどういう時ですか？

自由に話しましょう

1. 今年の夏休みは何をするつもりですか（何をしましたか）。

2. どんなアルバイトをしていますか（したいですか）。

3. アルバイトをして300万ウォン稼いだら、何に使いますか。

4. 韓国国内で旅行するなら、どこがいいですか。どうしてですか。

5. 今までで最も記憶に残っている夏休みについて話してください。

第5課 単語

夏休みの計画

まとまる　한데 모이다
熱心(ねっしん)　열심
交換留学(こうかんりゅうがく)　교환유학
1級(きゅう)をとる　1급을 따다
合格(ごうかく)　합격

─【ポイントチェック】─

お誘(さそ)い　권유
外(はず)す　제외하다
伺(うかが)う　찾아뵙다
晴(は)れ舞台(ぶたい)　영광스러운 무대
台無(だいな)しになる　엉망이 되다

遠慮(えんりょ)なく　사양 않고
未成年(みせいねん)　미성년
乾燥(かんそう)　건조
穏(おだ)やかだ　온후하다
面倒見(めんどうみ)がいい　잘 돌봐주다
世界一周(せかいいっしゅう)　세계일주
シール　실, 스티커
応募(おうぼ)　응모
商品(しょうひん)　상품
面白半分(おもしろはんぶん)で　재미 삼아

空港で会う

泊(と)める　묵게 하다, 재우다
両替(りょうがえ)　환전
お土産(みやげ)　선물

─【ポイントチェック】─

広告(こうこく)　광고

職員(しょくいん)　직원
出向(でむ)く　(목적지로) 향하여 가다
正直(しょうじき)　정직
迷(まよ)う　망설이다
気(き)がある　마음이 있다

第6課 異常気象

정중체

山中美香	毎日暑いですね。
キム・ウビン	そうですね。今日も30度を超えたみたいですね。
山中美香	こんなに暑い時はエアコンがないと、ダメですね。
キム・ウビン	エアコンをつけると、電気代が……。
山中美香	エアコンをつけないで、熱中症になって死亡する人もいるらしいですよ。**毎日のように**ニュースで報道していますよ。テレビを見てないんですか？
キム・ウビン	ニュースはあまり見ません。
山中美香	だから、暑いときには、エアコンをつけて過ごした方がいいですよ。それから、水分の補給も忘れ__ずに__。
キム・ウビン	去年は冷夏で過ごしやすかったのに。

山中美香	そうですよね。でも、日照不足で米が不作だったじゃないですか。農家は天気に左右されて大変ですよね。
キム・ウビン	そういえば、最近は強い雨が多いですね。昨日も大雨で大変でしたし。
山中美香	<u>言われてみれば</u>、最近は短い時間に集中して降りますね。
キム・ウビン	こんなに強い雨だから農業に影響が出るんですよね。
山中美香	そうですね。これも<u>いわゆる</u>地球温暖化の影響かもしれませんね。

✅ ポイントチェック①

1 毎日のように　매일 같이

어떤 일이 일어나는 빈도가 많아 매일처럼 인식될 경우에 쓰인다.

- 私の家は毎日のように夫婦喧嘩をしています。
- 彼女から「しっかりご飯食べて！」と毎日のようにメールが届きます。
- テレビや新聞などで、毎日のように健康食品やサプリメントの広告を見かけます。
- 世界の国々での内戦の悲劇が毎日のように報道されています。

2 ～ずに(＝～ないで)　～않고

어떤 일이 이루어지지 않은 채, 다음 일이 일어나는 경우에 사용한다.

- 彼は退職願いを出して、何も言わずに帰った。
- 栓抜きを使わずにビール瓶を開ける方法があります。
- 日本の家庭ではお風呂のお湯を入れ替えずに家族が入浴します。
- 周りの目を気にせずに、自分らしく生きたい。

3 言われてみれば　듣고 보니

상대의 말을 듣고 어떤 것에 대해 인지하게 되었을 때 사용한다.

- 言われてみれば手紙を書く機会が減っている。
- 言われてみれば、最近彼、見かけないね。
- そう言われてみれば、そうだね。
- 「たしかに、言われてみれば！」と思わず納得してしまうことがあります。

4 いわゆる　소위 말하는

어떤 것에 대해 알기 쉽게 설명하기 위해, 일반적으로 알려져 있는 말을 꺼낼 때 사용한다.

- 横田さんは子供ができると、いわゆる「教育ママ」になってしまった。
- 母は一日に3、4時間ぐらいだけ働く仕事、いわゆる「パート」をしている。
- ときに公用文は、いわゆる「お役所言葉」と皮肉を込めた言い方をされることがあります。
- 若者の使い捨てが疑われる企業、いわゆる「ブラック企業」が今、社会的に大きな問題となっています。

친밀체

<ruby>災害<rt>さいがい</rt></ruby>

山中美香	昨日、地震があったよね。
キム・ウビン	うん、びっくりした。
山中美香	震度3だったらしいよ。
キム・ウビン	ええっ!? あれで？
山中美香	うん。震度4とか5は、もっと大きな揺れだよ。<u>逆に</u>、震度1とか2ぐらいだと、揺れても気付かない<u>かも</u>。
キム・ウビン	そうなんだぁ。
山中美香	日本に住んでると、地震にも慣れるでしょう？
キム・ウビン	ううん、何回経験しても、地震はやっぱり怖いよ。
山中美香	日本では怖いもの**として**、地震、雷、火事、親父って言うけど、ウビン君はどれが1番怖い？
キム・ウビン	やっぱり、地震と雷**かな**。火事も怖いけど、幸い、まだ経験したことがないから。

山中美香	そうだね。お父さんは？
キム・ウビン	お父さん*はあまり怖くないね。
山中美香	たしかに、最近はお父さんが怖いっていう人は少ないかもしれないね。
キム・ウビン	うん、むしろお母さんの方がこわいかも!?
山中美香	ははは、そうなんだ。

---

* 일본어의 경우, 자기의 부모를 남 앞에서 언급할 경우에는 겸양 표현인「ちち」,「はは」을 사용한다. 그러나, 상대가 친구일 경우에는「ちち」,「はは」와 같이 겸양 표현을 쓰면 오히려 어색함으로「お父さん」,「お母さん」을 사용한다.

ポイントチェック②

1 逆に　오히려, 반대로

화자가 생각한 것과 반대의 결과가 일어난 경우에 쓰인다.

- 羊を数えると逆に眠れなくなる!?
- 公務員の対応にクレームをつけたら、逆に税金滞納の指摘を受けた。
- 自由な環境におかれると逆に何をすればいいかわからない。
- 朝だけ断食を1か月実践して逆に体重が増加した。

2 ～かも　～지도 모른다

「～かもしれない」의 뒷부분이 생략된 것으로, 단정은 할 수 없지만 그럴 가능성이 있음을 나타낸다.

- この恋愛心理テスト、結構当たってるかも。
- 彼が部長に呼ばれて戻ってこないんだけど、もしかして、左遷かも。
- 彼とよく目が合うんだけど、もしかしたら私のこと好きなのかも。
- 神様が私達に贈った天使かも。

3 ～として　～로(서)

명사에 붙어 그 명사에 포함되는 것을 나타내고자 할 때 사용한다.

- 準備すべき避難グッズ<u>として</u>懐中電灯や携帯用ラジオは基本です。
- 講義の中で伝えたいこと<u>として</u>、特に重視していることは何ですか？
- 誕生日プレゼント<u>として</u>、服やバッグを買ってあげたい。
- 試験の際、準備するもの<u>として</u>鉛筆、消しゴム、時計などがあげられる。

cf) 자격이나 입장을 나타내는 경우에도 쓰인다.
- 大統領を国賓<u>として</u>待遇する。

4 ～かな

의문을 나타내는 「か」에 「な」가 붙은 것으로 불확실함이나 의문스러움을 나타낸다. 「～かなあ」처럼 길게 발음하기도 한다.

- 家をリフォームしたいんだけど、いい業者を紹介してくれない<u>かな</u>？
- 辛いことがあったの<u>かな</u>。
- 少しずつ増やしていくことはできない<u>かな</u>。
- 彼女の家はこの辺りだった<u>かな</u>？

自由に話しましょう

1．暑い夏と寒い冬、どちらが好きですか。なぜですか。

2．文明がすすんで良くなったことと悪くなったことについて話しましょう。

3．日本では、エアコンがあるのにエアコンをつけないで熱中症になって死亡する人がいます。どう思いますか。

4．環境保護のためにやっている（やろうと思っている）ことについて話しましょう。

5．異常気象について知っていることを話しましょう。

第6課 単語

異常気象

超える	넘다
電気代	전기료
熱中症	열사병
報道	보도
水分の補給	수분 보충
冷夏	냉하
日照不足	일조시간 부족
不作	흉작
左右	좌우
集中	집중
農業	농업
地球温暖化	지구온난화
影響	영향

【ポイントチェック】

届く	도착하다
健康食品	건강식품
サプリメント	건강보조식품
見かける	눈에 띄다
国々	나라들
内戦	내전
悲劇	비극
退職願い	사직서
栓抜き	병따개
入れ替える	바꿔 넣다
入浴	입욕
気にする	신경 쓰다
納得	납득
公用文	공용문
お役所言葉	관공서 말
皮肉を込める	비꼬다
使い捨て	1회용
疑う	의심하다
企業	기업

災害

地震	지진
震度	진도
揺れる	흔들리다
気付く	알아차리다
慣れる	익숙해지다
雷	천둥
火事	화재
親父	아버지
幸い	다행히
むしろ	오히려

【ポイントチェック】

対応	대응
滞納	체납
指摘	지적
断食	단식
実践	실천
増加	증가
心理	심리
結構	꽤
左遷	좌천
贈る	보내다
非難グッズ	피난용품
懐中電灯	손전등
携帯用	휴대용
重視	중시
国賓	국빈
待遇	대우
リフォーム	리폼, 리모델링
業者	업자
辛い	괴롭다
増やす	늘이다
辺り	주변

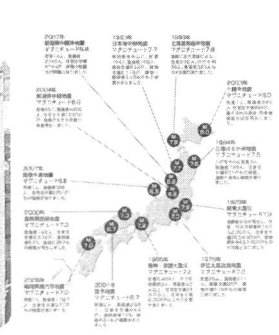

第7課

정중체

秋茄子（あきなす）は嫁（よめ）に食（く）わすな

山中美香	このナス、おいしいですね。
キム・ウビン	そうですね。
山中美香	特に秋のナスはおいしいんですよね。
キム・ウビン	そうなんですか？
山中美香	「秋茄子は嫁に食わすな」**っていう**ことわざがあるくらいですよ。
キム・ウビン	それは、どういう意味ですか。
山中美香	「おいしい秋のなすは、もったいないから嫁には食べさせるな」という姑の嫁いびりの言葉なんですよ。でも、反対に「なすは体を冷やす、**あるいは**種が少ないので子供ができないといけないから、嫁には食べさせるな」という嫁を大切に思う言葉**でもある**んです。韓国には、どんなことわざがありますか？

キム・ウビン 「天高馬肥(チョンゴ マビ)」という言葉があります。空が澄み渡って晴れ、馬が食欲を増し、肥えてたくましくなる秋、という意味です。秋の良い時期をいう言葉です。

山中美香 ああ、日本語の「天高く馬肥ゆる秋」と同じですね。

ポイントチェック①

1　～っていう(＝という) + 名詞　～다는+명사

명사가 뒤에 붙어, 그 명사의 내용에 대해 말할 때 사용한다.
- 授業中はトイレに行かない、行かせないという規則がある。
- あそこはカップルで行ったら別れるっていう噂のデートスポットです。
- 今を一生懸命生きるっていうスタンスです。
- 家に来るという連絡があってからもう3時間経ってるんだけど未だに来ない。

2　あるいは　또는, 혹은

가능성이 있는 또 다른 어떤 것을 제시할 때 쓰인다.
- ほんとうに知らないのか。あるいはうそをついているのか。
- 港町あるいは山間の小さな町で過ごしたい。
- フライト時間が直前に変更になった場合、自動的にSMS、あるいはEメールでお知らせします。
- ユーザー名またはパスワード、あるいはその両方が無効なため、アクセスできませんでした。

3   ～でもある   ~이기도 하다

앞의 내용과 동시에 성립하는 것을 나타낼 때 쓰인다.

- 赤ちゃんの1歳は、ママの1歳でもあります。
- この本の著者は、X社の会長でもある。
- スポーツの秋は食欲の秋でもあります。
- 年に1度の健康診断の受診は社員の義務であり、権利でもある。

4   ～をいう言葉   ~을 가리키는 말

어떤 단어에 대해 설명하는 경우에 쓰인다.

- 祝儀袋とは祝い事のお金や心付けなどを包む袋をいう言葉です。
- 秋晴れとは秋の空がすっきりと晴れわたっていることをいう言葉です。
- 父、母、兄、弟、姉、妹以外に親族の間柄を言う言葉には次のようなものがあります。
- 「過分」は、自分の立場や能力から期待される以上の様子をいう言葉です。

収穫の秋
しゅうかく あき

친밀체

イ・ユリ　　　りんご、食べる？

高橋和夫　　いえ、今日は……。

イ・ユリ　　　えっ、どうして？　りんご、好きでしょ？

高橋和夫　　実は、昨日、りんご狩りに行ってきて飽きるほど食べたからしばらくは食べる**気にならない**んだよね。

イ・ユリ　　　ああ、そうなんだ。

高橋和夫　　うん。ユリちゃんはりんご狩りに行ったことある？

イ・ユリ　　　りんごはないけど、ぶどう狩りに行ったことがある。

高橋和夫　　ぶどう狩りもいいね。ぼくは、金先生と一緒に栗拾いをしたことがあるんだけど、楽しかったよ。

イ・ユリ　　　山に行ったの？

高橋和夫　　うん。**あと**、田舎に行って、芋掘りをしたこともあるよ。

イ・ユリ　　　へえ、そういうことが好きなんだねえ。

高橋和夫　　うん、ドライブで出かけた**ついでに**良い所があればね。

イ・ユリ　　　そうなんだ。

高橋和夫　　そういえば、韓国の人は、栗を生で食べるよね？

イ・ユリ　　　日本では食べないの？

高橋和夫　　栗は生で食べない**なぁ**。

ポイントチェック②

1 ～(る)気にならない　～할 마음이 안 생기다

동사의 현재형에 붙어, 하고자 하는 마음이 생기지 않음을 나타낸다.

- 寒くて動く気にならない。
- 遠いと行く気にならないよ。
- うつ病に陥ると「誰とも話す気にならない」という人が多いようです。
- 皆さん勉強する気にならない時どうしてますか？　しなきゃいけない時こそやる気が起きません。

> cf) 동사의 夕形에 붙으면 어떤 동작 후에 그 동작을 한 느낌이 들지 않음을 나타낸다. ～한 것 같지 않다.
> - 焼き鳥って10本ぐらい食べないと食べた気にならないよな。

2 あと　그리고, 또

「あと」가 접속사처럼 쓰이는 경우로, 무언가를 덧붙여 표현할 때 쓰인다.

- 飲み物はこれくらいあれば十分ですね。あと、何か要りますか。
- 以上でだいたい分かったと思いますが、あと何か質問はありませんか。
- スーパーに行って、牛乳と卵と、あとネギを買ってきてね。
- パン屋に行った。あと、スーパーにも行った。

3　〜(た)ついでに　〜한 김에

동사의 タ形에 붙어 어떤 일을 하는 것을 계기로 다른 것도 같이 할 경우에 쓰인다.

- お祭りに行ったついでにくじ引きをしてきた。
- 服を買ったついでに靴も買いました。
- 眼鏡を直してもらったついでに予備の眼鏡買ってきたよ。
- 大阪へ出張に行ったついでに実家にも寄った。

4　〜なぁ

「〜なぁ」가 없으면 단정적인 표현이 되지만,「〜なぁ」가 붙음으로써 영탄적인 표현이 된다.

- 相変わらず、クジ運が強いなぁ…。
- なんだこれ！　味うすいなぁ。
- すごい入道雲だなぁ。にわか雨が降るかも。
- 「あー、喉かわいたなぁ」って言うとうちの夫は冷蔵庫からビールを持ってきてくれる。

【第 7 課】収穫の秋

自由に話しましょう

1．好きな食べ物と嫌いな食べ物をあげて、その理由を言いましょう。

2．健康食品について、知っていることを話しましょう。

3．秋に食べるとおいしい食べ物は何がありますか。

4．ダイエットをしたことがありますか。ダイエットについて知っていることを話してください。

5．好きな言葉がありますか？　その言葉の意味と好きな理由について話しましょう。

第7課 単語

秋茄子は嫁に食わすな

- 茄子(なす) 가지
- 嫁(よめ) 며느리
- 食わす(く) 먹이다
- ことわざ 속담
- もったいない 아깝다
- 姑(しゅうとめ) 시어머니
- 嫁(よめ)いびり 며느리를 괴롭힘
- 冷やす(ひ) 차게 하다
- 種(たね) 씨앗
- 澄み渡る(すわた) 한점 흐림없이 맑다
- 増す(ま) 늘다, 늘리다
- 肥える(こ) 살찌다
- たくましい 늠름하다
- 肥ゆ(こ)(古語) 살찌다

【ポイントチェック】
- カップル 커플
- デートスポット 데이트장소
- スタンス 입장
- 時間(じかん)が経(た)つ 시간이 지나다
- 未(いま)だに 아직도
- 港町(みなとまち) 항구도시
- 山間(さんかん) 산간
- フライト時間(じかん) 비행시간
- 直前(ちょくぜん) 직전
- 変更(へんこう) 변경
- ユーザー名(めい) 사용자명
- 無効(むこう) 무효

- アクセス 액세스
- 著者(ちょしゃ) 저자
- 健康診断(けんこうしんだん) 건강진단
- 受診(じゅしん) 수진, 진찰을 받음
- 祝儀袋(しゅうぎぶくろ) 축하금 등을 넣는 봉투
- 心付け(こころづ) 팁
- 包む(つつ) 싸다, 돈을 봉투에 넣어주다
- 秋晴れ(あきば) 맑게 갠 가을날씨
- 晴れわたる(は) 활짝개다
- 間柄(あいだがら) (사람사이의) 관계
- 過分(かぶん) 과분, 분에 넘침

収穫の秋

- ～狩(が)り ～따기, ～사냥, ～잡기
- 飽きる(あ) 질리다
- 栗拾い(くりひろ) 밤 줍기
- 芋堀り(いもほ) 감자 캐기
- 生(なま)で 생으로

【ポイントチェック】
- うつ病(びょう) 우울증
- 陥る(おちい) 빠지다
- くじ引(び)き 제비뽑기
- 眼鏡(めがね) 안경
- 予備(よび) 예비
- 実家(じっか) 부모님 계시는 집

- 相変わらず(あいか) 변함없이
- クジ運(うん) 당첨운
- 入道雲(にゅうどうぐも) 적란운
- にわか雨(あめ) 소나기
- 喉(のど)がかわく 목이 마르다
- 夫(おっと) 남편

第8課 정중체

まつり

山中美香	来月は私の故郷で七夕まつりがあるんですよ。
キム・ウビン	山中さんの故郷って仙台でした<u>っけ</u>？　仙台七夕まつりは東北三大祭りの1つですよね？
山中美香	ええ、そうですよ。
キム・ウビン	どんな祭りなんですか？　私は1度も行ったことがなくて…。
山中美香	アーケード街や仙台駅周辺に大規模な飾り付けをするんですよ。その他にも商店や家庭などでも個別に飾り付けが行われるので、街中が七夕<u>一色</u>になります。
キム・ウビン	へえ、おもしろそうですね。私は、青森のねぶた祭りに行ったことがあります。
山中美香	どうでしたか？
キム・ウビン	とても大きくて迫力がありました。紙でできている<u>**とは思えません**</u>でした。

山中美香	私はまだ行ったことがないので、行ってみたいです。
キム・ウビン	ああ、そういえば、韓国にも<u>似たような</u>祭りがあるんですよ。
山中美香	どんな祭りですか？
キム・ウビン	燃灯祝祭(ヨンドンチュッチェ)です。旧暦の4月8日は釈迦誕生日なのですが、その時期に韓国のあちこちで提灯がぶらさげられるんです。ソウル市庁前の広場では、壮大なモニュメントが設置されます。モニュメントの形は毎年違うんですよ。そして、夜になると毎日明かりが灯されるんですよ。

ポイントチェック①

1 ～っけ　~었나?, ~더라?

확실히 기억하지 못하는 것을 확인할 때 쓰인다.

- あれ？　どこまで話したっけ？
- 朝焼けってこんなに綺麗だったっけ。
- その締め切りって明日じゃなかったっけ？
- 家の鍵、閉めたっけ？

2 ～一色　온통, 모든 것이~

전체가 한가지의 동일한 것으로 뒤덮이거나, 동일한 경향을 띠는 것을 나타낼 때 쓰인다.

- 花の時期には、木全体が花一色となります。
- ここは夏の間はトマトやキュウリといった夏野菜一色になります。
- 恋人が出来たからと言って「恋愛一色」になってしまっては困る。
- 12月に入ると世間はクリスマス一色である。

3 〜とは思えません　　〜라고는 생각되지 않는다, 〜라고는 생각할 수 없다

어떤 사실을 인정할 수 없을 때 사용한다.

- 正気の沙汰とは思えません。
- 機械に支障があるとは思えません。
- 率直に言って、あなたたちの考え方が現実的だとは思えません。
- 電子レンジで3分加熱するだけで缶詰とは思えない料理になる。

4 似たような〜　　비슷한〜

형태, 성질, 상태가 비슷함을 나타낸다.

- こないだも似たようなもの買ってきたばかりじゃない！
- 似たようなニュアンスで使われているけど厳密に言うと意味が違う。
- 似たような話しか思いつかない。
- 私にも似たような経験がありますから、あなたの気持ちが分かります。

大学祭
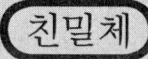

高橋和夫	もうすぐ大学祭だね。
イ・ユリ	そうだね。今年は何をする？
木村隆	たこ焼きはどう？
高橋和夫	でも、たこ焼きを焼くのは難しいよ。去年、大変だった<u>じゃん</u>。
木村隆	でも、<u>やっぱり</u>食べ物がいいよね。焼きそばはどう？
高橋和夫	焼きそば<u>だと</u>うまく作れるかもしれないね。でも、材料費が高くなるかも。
イ・ユリ	どうして？
高橋和夫	焼きそばだと、肉を入れないといけないでしょ？
木村隆	ああ、そっか。他の人にも聞いてみようか。
イ・ユリ	そうだね。そうしよう。飲み物はどうする？　やっぱりお酒がいいよね。

高橋和夫　　えっ？　日本の大学祭では、お酒の販売はダメだよ。

イ・ユリ　　そうなの？　韓国では、お酒がないと大学祭は<u>盛り上がらない</u>よ。お酒のない大学祭なんて…。

木村隆　　　ええ、そうなんだ。日本では大学の中でお酒を売るなんて考えられないけどねえ。

イ・ユリ　　でも、お酒があると雰囲気も一気に盛り上がって楽しいよ。

高橋和夫　　たしかに、そうだろうねえ。一度、韓国の大学祭をのぞいてみたいなあ。

ポイントチェック②

1 ～じゃん　～잖아

「じゃないか」의 축약형으로 의문, 반문, 힐문 등을 나타낸다.

- とりあえず、返事来たから良かったじゃん！
- あ、父さんだ！　こっちこっち！　どうしたの？　遅かったじゃん。
- 将来結婚するって約束したじゃん。
- だって本当のことだもん。しょうがないじゃん。

2 やっぱり　역시

생각하고 있었던 것과 같음을 나타낼 때 사용한다.

- 知らないとやっぱり恥ずかしい常識ってあるよね。
- 常に努力しておけばやっぱり結果はついてくるものだね。
- その日も10時ごろからやっぱり昨日のように暑くなりました。
- 親子ってやっぱり似るもんだよね。

3 ～だと(条件表現)

앞문장이 성립되는 경우에 반드시 뒷문장이 성립됨을 나타낸다.

- 親がダメだと子供がダメになる社会でいいんだろうか。
- 信号が赤だと渡れない。
- なぜ歩きながらだと考えがうまくまとまるのか？
- ローカルだといい仕事はあまりないんじゃないの？

4 盛り上がる

분위기가 고조됨을 나타낼 때 쓰인다.

- カラオケで確実に盛り上がる定番の曲を選曲しました。
- 共通の話題を探して話せば会話は盛り上がるよ。
- なぜサッカーのワールドカップはそんなに盛り上がるのか。
- 昨日の飲み会は盛り上がって、飲みすぎてしまった。だから途中から何も覚えていない。

自由に話しましょう

1. 韓国にはどんな祭りがありますか。

2. どんな祭りに行ったことがありますか。

3. 大学祭では何をしますか。(しましたか。)

4. 高校では、どんな行事がありましたか。

5. 実家はどこですか。有名なものは何がありますか。

第8課 単語

まつり

- 七夕(たなばた)まつり 칠석제
- アーケード街(がい) 아케이드 거리
- 周辺(しゅうへん) 주변
- 大規模(だいきぼ) 대규모
- 飾(かざ)り付け 장식
- 個別(こべつ) 개별
- 街中(まちじゅう) 온거리
- 迫力(はくりょく) 박력
- 旧暦(きゅうれき) 음력
- 釈迦(しゃか) 석가
- 提灯(ちょうちん) 제등
- ぶらさげる 매달다
- 広場(ひろば) 광장
- 壮大(そうだい) 장대
- モニュメント 모뉴먼트, 기념물
- 明(あ)かりを灯(とも)す 등불을 켜다

【ポイントチェック】
- 朝焼(あさや)け 아침노을
- 締(し)め切り 마감
- 鍵(かぎ)を閉める 열쇠를 잠그다
- 世間(せけん) 세상
- 正気(しょうき)の沙汰(さた) 제정신으로 한 짓
- 支障(ししょう) 지장
- 率直(そっちょく)に 솔직히
- 現実的(げんじつてき) 현실적
- 加熱(かねつ) 가열
- 缶詰(かんづめ) 통조림
- 厳密(げんみつ) 엄밀

大学祭

- 大学祭(だいがくさい) 대학축제
- 材料費(ざいりょうひ) 재료비
- 販売(はんばい) 판매
- 雰囲気(ふんいき) 분위기
- 一気(いっき)に 단번에
- のぞく 들여다보다, 엿보다

【ポイントチェック】
- 返事(へんじ) 답장
- 将来(しょうらい) 장래
- 常識(じょうしき) 상식
- 常(つね)に 항상
- 努力(どりょく) 노력
- 親子(おやこ) 부모와 자식
- 信号(しんごう) 신호
- ローカル 로컬, 지방적
- 定番(ていばん) 유행에 관계없는 기본형 상품
- 選曲(せんきょく) 선곡
- 共通(きょうつう) 공통
- 話題(わだい) 화제
- 飲(の)み会(かい) 회식
- 途中(とちゅう) 도중

第9課

祝日(しゅくじつ)

정중체

キム・ウビン	暑さもやわらいで、過ごしやすくなってきましたね。
山中美香	そうですね。朝晩は肌寒いですね。
キム・ウビン	もう<u>すっかり</u>秋ですね。
山中美香	山の木もきれいに紅葉していますね。
キム・ウビン	紅葉狩りに行きませんか。
山中美香	ええ、いいですね。行きましょう。
キム・ウビン	来週の水曜日はどうですか？
山中美香	あ、文化の日ですね。いいですよ。
キム・ウビン	<u>ところで</u>、どうして11月3日は文化の日なんですか？
山中美香	日本国憲法が公布された日なんですよ。平和と文化を<u>重視</u>しているので、「文化の日」になったそうです。

キム・ウビン	そういえば、ゴールデンウィーク中に、憲法記念日がありませんでしたか？ 何が違うのですか？
山中美香	ああ、5月3日ですか？ 憲法の施行を記念する日なんですよ。
キム・ウビン	<u>それから</u>、天皇と関係のある休日があると聞いたのですが。
山中美香	<u>天皇誕生日のことです</u>ね。12月23日ですよ。
キム・ウビン	クリスマスの休みと近いですね。
山中美香	12月25日ですか？ 日本ではクリスマスは休日じゃないんですよ。

✅ ポイントチェック①

1 すっかり　완전히, 아주

이전과는 상황이 변했음을 나타낼 때 쓰인다.

- 風邪を引いたけど薬を飲んで、すっかり良くなった。
- まだ肌寒いですが、花畑はすっかり春模様です。
- すっかりご無沙汰しております。
- 昔のことはすっかり忘れてしまった。

2 ところで　그런데

앞의 대화 내용과 관련이 없는 내용으로 화제를 전환할 때 사용한다.

- ところで、例の事件はどうなりましたか。
- ところで、着心地はどうなの？
- ところで、ドアのところに立っているあの女の子は誰ですか。
- ところで、地球の質量ってどうやって測ってんの？

3　それから　그리고

앞 문장에 이어 무언가를 추가할 때 쓰인다. 「そして」보다 추가한다는 의식이 강하다. 생각이 나서 추가하는 경우에도 쓰인다.

- パスタを作ります。それからサラダも作ります。
- この近くに市役所があります。それから県庁もあります。
- ちょっとホッチキスを持ってきてください。それからシャーペンの芯も。
- 飛行機のチケットを予約します。それからリムジンバスの時間も確認しなくてはいけません。

4　〜のことだ　〜을 가리키는 말이다

「〜とは、〜のことだ」라는 문형으로 자주 쓰인다.

- ウォーターフロント。日本語で言えば水際のことです。
- 商標とは、ネーミングのことですか、それともマークのことですか？
- 家とは、自分の心が求める場所のことだ。
- 日本語能力試験とは日本語能力を測定し認定する試験のことです。

旅行
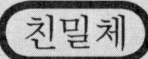

イ・ユリ これ、おみやげ。

高橋和夫 冬休みにどこかへ<u>出かけた</u>の？

イ・ユリ うん、石川県の和倉温泉に行ってきたんだ。

高橋和夫 あ、それは良かったね。石川県は有名な温泉が多いよね。魚もおいしいし。

イ・ユリ そう、魚料理をたくさん食べたの。おいしかったなあ。

高橋和夫 うわあ、うらやましい。

イ・ユリ <u>でも</u>、一番良かった<u>の</u>は温泉だね。

高橋和夫 露天風呂にも入った？

イ・ユリ もちろん。あれは最高だった。

高橋和夫　やっぱり寒い冬に入る温泉はいいよねえ。それに温泉で有名なところは、なぜか食べ物も美味しいでしょ。

イ・ユリ　そうそう！

高橋和夫　ぼくも久しぶりに行きたいなあ。

✅ ポイントチェック②

1 出かける　나가다, 외출하다

볼일이 있어 밖에 나가는 것을 의미한다.

- 朝起きてから出かけるまで、何分かかる？
- さわやかな秋は、出かけるには格好の季節です。
- 日焼け止めは出かける30分前に塗りましょう。
- 車で友達と出かける時、ガソリン代はどうしてる？

2 でも〜　하지만〜

예상되는 결과와 반대되는 내용이 이어지는 경우에 쓰인다.

- 彼は疲れている。でもまだ仕事をしないといけない。
- 彼から連絡はあった。でもまだ来ない。
- はじめてのご利用を考えている多くの方が、漠然とした不安を抱えています。でも大丈夫！
- ほとんどお金をかけない。でも、日本で英語を学んで話せるようになる。

3 ～のは ～것은

「～のは～だ」의 형태로 쓰이며, 용언을 명사화하여 문장의 제목으로 한다.

- この教材の購入を決めたのは大学2年生のときです。
- 毎日、予習・復習するのは大変でしょうが、重要なことです。
- 彼女が2年間付き合った彼氏と別れたのは「察してくれない」からだった。
- 検索サイトで同じキーワードを検索しても検索結果や表示順が違うのはなぜですか？

メモ

自由に話しましょう

1. 韓国にはどんな祝日がありますか。

2. 「行楽の秋」という言葉がありますが、秋の休みにだれとどこに行きたいですか。理由も言いましょう。

3. 振替休日と飛び石連休についてどう思いますか。

4. 秋夕(チュソク)はどのように過ごしますか。

5. 紅葉がきれいなところで、おすすめの場所はどこですか。

第9課 単語

祝日

やわらぐ　누그러지다
朝晩(あさばん)　아침저녁
肌寒い(はだざむい)　쌀쌀하다
紅葉(こうよう)　단풍
紅葉狩り(もみじがり)　단풍놀이
憲法(けんぽう)　헌법
公布(こうふ)　공포
施行(しこう)(施行(せこう))　시행
休日(きゅうじつ)　휴일

○─【ポイントチェック】─○

花畑(はなばたけ)　꽃밭
春模様(はるもよう)　봄 모양
ご無沙汰(ぶさた)しております　격조했습니다
例(れい)の〜　예의〜, 그〜

着心地(きごこち)　착용감
質量(しつりょう)　질량
測(はか)る　재다
県庁(けんちょう)　현청
ホッチキス(ホチキス)　호치키스
芯(しん)　심
ウォーターフロント(waterfront)　물가
水際(みずぎわ)　물가
商標(しょうひょう)　상표
ネーミング　네이밍, 이름을 붙임
求(もと)める　구하다, 찾다
測定(そくてい)　측정
認定(にんてい)　인정

旅行

魚料理(さかなりょうり)　생선 요리
露天風呂(ろてんぶろ)　노천탕

○─【ポイントチェック】─○

さわやか　상쾌함
格好(かっこう)の季節(きせつ)　알맞은 계절
日焼(ひや)け止(ど)め　썬크림

ガソリン代(だい)　휘발유값
漠然(ばくぜん)　막연
不安(ふあん)を抱(かか)える　불안을 품다
購入(こうにゅう)　구입
察(さっ)する　헤아리다, 짐작하다
検索(けんさく)　검색

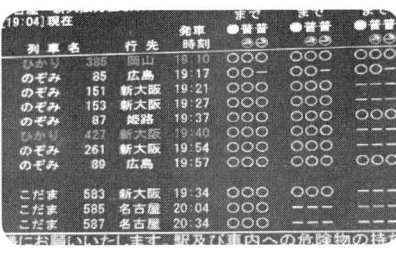

第10課

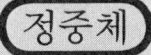

面接の準備

山中美香	この前、山本商事に応募したんですよね。
キム・ウビン	ええ、そうです。
山中美香	どうでしたか？
キム・ウビン	<u>おかげさまで</u>、一次選考に受かりました。
山中美香	それは良かったですね。
キム・ウビン	ありがとうございます。それで、来週、山本商事の面接があるんですよ。どんなことに気をつけたらいいですか。
山中美香	そうですね。話すときは、面接官の顔を見る<u>ようにした</u>方がいいですよ。それから、はっきりと聞き取りやすい声で話すように心がけてください。
キム・ウビン	<u>他には</u>何かありますか。

山中美香	緊張すると、固くなって怒っているような顔になっ**てしまう**ので、明るく親しみやすい印象を与えるために、軽く笑顔をつくる**ようにした**方がいいと思いますよ。
キム・ウビン	椅子に座っているときに注意することはありますか。
山中美香	後ろにもたれずに意識して背筋を伸ばした方がいいです。そして、無意識のうちに足を組んだり、貧乏ゆすりをしたりしない**ようにした**方がいいですよ。
キム・ウビン	お茶を出されたら、どうすればいいですか。
山中美香	「どうぞ」と勧められてから飲んでください。

ポイントチェック①

1 おかげさまで　덕분에

타인에게 받은 호의나 친절에 대해 감사의 뜻을 담아 나타내고자 할 때 쓰인다.

- おかげさまで、就職が決まりました。
- おかげさまで、私も元気にしております。
- おかげさまで本日開校20周年を迎えました。
- 今回のフォーラムは、30名以上の方にご参加いただき、おかげさまで無事終了しました。

2 ～ようにする　～하게 하다

변화나 자기 자신의 결의, 노력 등을 나타낸다.

- 部下がなるべく辞めないようにするマネジメントが正しい。
- クレジットカードの利用明細書を、自宅に届かないようにすることは可能なのでしょうか？
- 節約のために出来るだけ自炊するようにしています。
- 風邪をひかないようにするためには、まずは体を冷やさないことです。

3 他には　그 외에는

다른 사항이나 선택지를 나타내고자 할 때 사용한다.

- <u>他には</u>どんな保育所があるの？
- <u>他には</u>ほとんど店はないので迷わない。
- アメリカでこんなに日本を感じられるイベントは<u>他には</u>ない。
- 審査に必要な書類は<u>他には</u>ないはずです。

4 〜てしまう

동작 과정의 완료, 비의지적인 행위, 후회·유감 등을 나타낼 때 쓰인다.

- うちの母はテレビショッピングで要らないものも買っ<u>てしまう</u>。
- どこかで財布を落とし<u>てしまって</u>、家に帰るバス代もない。
- ひとりっ子はなぜわがままだと思われ<u>てしまう</u>のか？
- 鵜呑みとは物事をよく理解せずに受け入れ<u>てしまう</u>ことです。

面接の経験談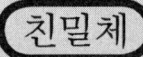

イ・ユリ	先週、面接だったん<u>でしょ</u>？　どうだった？
高橋和夫	すごく緊張した。
イ・ユリ	どんなことを聞かれた？
高橋和夫	最初は自己PRだった。それから志望動機。
イ・ユリ	うまく答えられた？
高橋和夫	うん、その2つは準備してたから。<u>その後</u>は、希望する部署<u>とか</u>、会社のイメージとか……。残業や休日出勤についても聞かれた。
イ・ユリ	結構、いろいろ聞かれたんだねえ。
高橋和夫	そうなんだよ。でも、あまりにも緊張しすぎて途中から何と答えたのか自分でも覚えてないんだ。

イ・ユリ 　　でも、和夫君のことだからきっとうまく答えたはずだよ。

高橋和夫 　　そうだといいんだけど…。

ポイントチェック②

1 〜でしょ(う)(確認)　〜죠? (확인)

화자가 확신하고 있는 것을 상대에게 확인하는 경우에 쓰인다.

- 素敵な女性に対して「モテるでしょ？」と言ったことありませんか？
- つかれたでしょう、もうお母さんのところにおいで。
- この車は燃費がいいでしょう？
- クリスマスプレゼントを準備するにはまだ早いでしょう？

2 その後(あと)　그 다음

어떤 일의 다음을 거론하고자 할 때 쓰인다.

- ではその後、結果はどうだったのでしょうか？
- これが終わったらその後は次のような手続きをしてください。
- 観終わってから物語のその後が気になる作品が多いです。
- 洗濯が終わったら、その後すぐに干すようにしています。

3　〜とか　〜(라)든지, 〜같은 것

어떤 것을 예시적으로 열거하는 경우에 쓰인다. 때로는 단정을 피하고 애매하게 표현하기 위해 쓰이기도 한다.

- 自分は物を食べたら美味しい<u>とか</u>不味い<u>とか</u>毎回感想を言うんだけど、向こうは滅多に言わない。
- わざわざおいでいただかなくても、電話を下さる<u>とか</u>手紙でお知らせくだされば結構です。
- やりがい<u>とか</u>いらないんで、とりあえず残業代ください。
- せっかくここまでリアルに書けるなら現実ではありえないシチュエーション<u>とか</u>を書いてほしい。

> cf) 격조사「と」에 부조사「か」가 붙은 것으로, 불확실한 상상이나 전문 등을 표현한다.
> - あの人のお祖父さんは九十いくつ<u>とか</u>だそうですけど、今もご達者ですよ。
> - 山本さんは具合が悪く、寝たっきりだ<u>とか</u>聞いている。
> - 山田<u>とか</u>いう人が訪ねてきていましたよ。

4　〜のことだから　〜(이)니까

명사에 붙어 그 명사의 성질, 특징 등에 근거하면 그렇게 판단할 수 있음을 나타낸다.

- まじめな山川さん<u>のことだから</u>、きっとうまくやるよ。
- 小野さん<u>のことだから</u>、強くなって戻ってくると思う。
- あのチーム<u>のことだから</u>、きっと優勝するでしょう。
- 人気者の彼女<u>のことだから</u>、転校してもすぐに友人ができるだろう。

自由に話しましょう

1．面接試験を受けたことがありますか。どんなことに気をつけましたか。

2．就職の面接試験を受けるつもりで、自己PRをしてみましょう。

3．あなたが尊敬する人は誰ですか。その理由も言いましょう。

4．熱心に取り組んでいると自慢できることは何ですか。

5．趣味は何ですか。何をするのが好きですか。

第10課 単語

面接の準備

商事（しょうじ）	상사
応募（おうぼ）	응모
一次選考（いちじせんこう）	1차 선발
受（う）かる	합격하다
面接官（めんせつかん）	면접관
聞（き）き取（と）る	알아듣다
心（こころ）がける	마음을 쓰다
緊張（きんちょう）	긴장
固（かた）くなる	굳어지다
怒（おこ）る	화내다
印象（いんしょう）を与（あた）える	인상을 주다
笑顔（えがお）	웃는 얼굴
もたれる	기대다
背筋（せすじ）を伸（の）ばす	등줄기를 펴다
足（あし）を組（く）む	다리를 꼬다
貧乏（びんぼう）ゆすりをする	다리를 떨다
勧（すす）める	권하다

【ポイントチェック】

開校（かいこう）	개교
～周年（しゅうねん）を迎（むか）える	～주년을 맞이하다
無事（ぶじ）に	무사히
終了（しゅうりょう）	종료
部下（ぶか）	부하
明細書（めいさいしょ）	명세서
節約（せつやく）	절약
自炊（じすい）	자취
保育所（ほいくしょ）	보육원
審査（しんさ）	심사
バス代（だい）	버스값
わがまま	제멋대로 굶
鵜呑（うの）み	뜻도 모르면서 그대로 받아들임
物事（ものごと）	사물, 매사

面接の経験談

志望動機（しぼうどうき）	지망 동기
部署（ぶしょ）	부서
残業（ざんぎょう）	잔업
休日出勤（きゅうじつしゅっきん）	휴일 근무

【ポイントチェック】

モテる	인기가 있다
燃費（ねんぴ）	연비
手続（てつづ）き	절차, 수속
観終（みお）わる	끝까지 보다
物語（ものがたり）	이야기
干（ほ）す	말리다
美味（おい）しい 맛있다 ⇔ 不味（まず）い 맛없다	
滅多（めった）に	좀처럼
やりがい	보람
残業代（ざんぎょうだい）	잔업 수당
達者（たっしゃ）	건강하고 튼튼함
具合（ぐあ）いが悪（わる）い	건강상태가 좋지 않다
寝（ね）たっきり	자리에 누운 채 일어나지 못하는 상태
訪（たず）ねる	방문하다
優勝（ゆうしょう）	우승
人気者（にんきもの）	인기 있는 사람
転校（てんこう）	전학
友人（ゆうじん）	친구

第11課

年賀状(ねんがじょう)

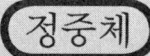

イ・ユリ　あの、すみません。年賀葉書の下に書いて**ある**この数字は何ですか？1枚ずつ番号が違うみたいですが。

高橋和夫　その番号で抽選があるんですよ。抽選に当たった人は景品がもらえるんです。

イ・ユリ　どんな物が当たるんですか？

高橋和夫　食べ物とか飲み物とかですよ。

イ・ユリ　私ももらえますか？

高橋和夫　年賀状を受け取って、その番号が当選番号と一致していれば、もちろんもらえます。

イ・ユリ　私も当たる**といいなあ**。高橋さんはもう年賀状を書いたのですか？

高橋和夫　いえ、まだ書いてません。

イ・ユリ	25日までに出さないと、元旦に配達されない<u>のではないですか</u>？
高橋和夫	そうですよ。早く準備しないといけませんね。
イ・ユリ	全部手書きにしますか？
高橋和夫	いいえ。パソコンで作って、プリンターで印刷するつもりです。
イ・ユリ	私は、イラスト入りの年賀葉書をコンビニで買おうと思っています。

ポイントチェック①

1 ～てある　～져 있다. ～해 두었다

주로 타동사에 붙어 상태나 준비해 두었음을 나타낸다.

- カレンダーに今月の予定が書いてあります。
- パソコンは会場に用意してあります。
- 結婚式の招待状はもう送ってあります。
- 家の外に設置してあるゴミ箱が猫に荒らされます。

2 ～といいな(あ)　～면 좋겠다

원하는 일이 이루어지길 바라는 마음을 표현할 때 쓰인다.

- 宝くじが当たるといいなあ。
- お部屋はもう少し広いといいなと思ったのが正直な感想です。
- 地震があったみたいなんだけど、みんな無事だといいなあ。
- 静かで大容量でお手軽な値段でしかも速いパソコンだといいなあ。

3　～(の)ではないですか　～(것) 아닙니까?

　확실히 단정할 수 없는 화자의 추측을 나타낸다. 명사와 ナ형용사는「の」를 생략하여 쓰이기도 하나, 형용사와 동사는「の」가 반드시 필요하다.

- あの人、もしかしたら、松下さんではないですか。
- 友人として好きなのではないですか？
- あの時あなたは僕を守ってくれなかったのではないですか。
- こっちが悪いのに「できません」なんてこと、はっきり言えないのではないですか。

メモ

クリスマス

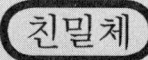

山中美香	もうすぐクリスマスだね。
キム・ウビン	そうだね。
山中美香	みんなでクリスマスパーティーをしない？
キム・ウビン	えっ!? 日本では、クリスチャンは少ない<u>んじゃないの</u>？
山中美香	クリスチャンじゃなくても、クリスマスパーティーはするんだよ。宗教<u>とは関係なく</u>。
キム・ウビン	あ、そうなんだ。<u>で</u>、何を食べるの？
山中美香	まだ決めてないんだけど…。この頃寒いから、鍋なんかどうかな。
キム・ウビン	温かくていいね。みんなで食べるとおいしいし。
山中美香	それから、クリスマスケーキも用意しないとね。

キム・ウビン	クリスマスカードは送った？
山中美香	日本では、クリスマスカードを送る人はほとんどいないよ。
キム・ウビン	そうなんだ。韓国では、友達によく送るんだけど。
山中美香	ウビン君はもう送ったの？
キム・ウビン	まだ送ってないけど、送るつもり。

✓ ポイントチェック②

1 〜んじゃないの？ 〜거 아니야?

「〜のではないですか」의 격의 없는 표현으로 화자의 추측을 나타낸다.

- 電気自動車って普及はやっぱり無理なんじゃないの？
- これちょっとおかしいんじゃないの？
- えっ、靴買いに行ったんじゃないの？
- カードの方が便利なんじゃないの？

2 〜とは関係なく 〜와는 상관없이

유사한 표현으로「〜に関係なく(~에 상관없이)」가 있다.

- 犬は自身の利害とは関係なく飼い主に不親切な人を嫌うそうです。
- 外国語の勉強は年齢とは関係なく脳機能の向上に役立つそうだ。
- 仕事とは関係なく、人を助けることはできますか？
- 思考は本人の意思とは関係なく次から次へと湧いてくる。

3　で　그래서, 그런데

이유를 나타내는 「それで(그래서)」가 짧아진 것으로 회화 표현에서 쓰인다. 상대에게 정보 제공을 요구하는 경우에도 쓰이는 경우가 있는데 그때는 한국어로는 '그런데'로 해석된다.

- ついに就職が決まったの。で、すぐにでもソウルに引っ越ししなきゃいけないの。
- うちの会社、業績の悪化に苦しんでるんだ。で、労務費を削減するために賃金を下げようと考えてるんだな。
- こっちはもう終わった。で、そっちはどうよ？
- A：私、留学して英語の勉強に集中するつもりなんだ。
  B：そうなんだ。で、どこの国に行くの？

自由に話しましょう

1．どんな人にクリスマスカードを送りますか。何枚くらい送りますか。

2．紙の年賀状やクリスマスカードを送るのをやめて、Eメールや携帯のメッセージなどで新年の挨拶をすることについてどう思いますか。

3．年末年始はどのように過ごしますか。

4．宝くじや抽選などに当たったことがありますか。その時のことについて話しましょう。

5．どんなときに、だれに、どんなプレゼントを送りますか。

第11課 単語

年賀状

- 年賀葉書（ねんがはがき） 연하엽서
- 抽選（ちゅうせん） 추첨
- 当選番号（とうせんばんごう） 당첨번호
- 一致（いっち） 일치
- 元旦（がんたん） 원단, 설날
- 配達（はいたつ） 배달
- 手書きをする（てがきをする） 손으로 쓰다
- 印刷（いんさつ） 인쇄
- イラスト入（い）り 일러스트가 있는

【ポイントチェック】

- 会場（かいじょう） 회장, 모이는 장소
- 設置（せっち） 설치
- 荒（あ）らす 엉망으로 만들어 놓다
- 宝（たから）くじが当（あ）たる 복권이 당첨되다
- 大容量（だいようりょう） 대용량
- お手軽（てがる）な値段（ねだん） 적당한 가격
- 守（まも）る 지키다

クリスマス

- クリスチャン 크리스천
- クリスマスパーティ 크리스마스 파티
- 宗教（しゅうきょう） 종교
- 鍋（なべ） 냄비에 끓이면서 먹는 요리
- 用意（ようい） 준비

【ポイントチェック】

- 普及（ふきゅう） 보급
- 利害（りがい） 이해
- 飼（か）い主（ぬし） 주인
- 不親切（ふしんせつ） 불친절
- 嫌（きら）う 싫어하다
- 年齢（ねんれい） 연령
- 脳機能（のうきのう） 뇌 기능
- 向上（こうじょう） 향상
- 助（たす）ける 돕다
- 思考（しこう） 사고
- 湧（わ）く 솟아나다
- 悪化（あっか） 악화
- 労務費（ろうむひ） 노무비
- 削減（さくげん） 삭감
- 賃金（ちんぎん） 임금
- 下（さ）げる 내리다

第12課

しょうらい
将来

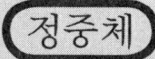

キム・ウビン	ニュースで見たのですが、韓国の大学より日本の大学の方が就職率が高いそうですよ。
山中美香	えっ、そうなんですか？ サムスンや現代自動車が躍進しているのに、韓国はなぜ就職率が低いのですか？
キム・ウビン	需要と供給のミスマッチが原因だそうです。
山中美香	それはどういうことですか？
キム・ウビン	高卒の新規人材は供給よりも需要が上回っています。でも、短大卒以上では逆に需要よりも供給が大きく上回っているそうです。
山中美香	そうなんですか。
キム・ウビン	ええ。韓国社会では、大卒＝出世、あるいはすべての始まりという意識が広がっていて、学歴インフレによ

	る**無駄な**教育費が支出されているんです。それで大学入試を終えた若者**にとって**、大学は親の干渉から解放された自由な遊び場になってしまっています。
山中美香	それは日本も同じ状況ですね。もちろん自分の将来を夢見て頑張っている学生もいますが、何の目標もない**まま**、4年間の大学生活を送る学生が大勢います。
キム・ウビン	最近の韓国の大学の図書館は、専門的な知識を探求する場所**ではなくなりました**。公務員試験やより認知度の高い大学への編入試験の準備をするための塾の自習室のようになっています。

ポイントチェック①

1　無駄　쓸데없음, 낭비, 소용없음

도움이 되지 않는 것을 나타낸다.

- 無駄な戦いを避けるためには、自分を見つめなおすことが必要である。
- 無駄に過ごす時間はあっても、無駄になる経験はない。
- なぜ、私たちは無駄なく働くことができないのでしょうか？
- 成功の鍵は無駄を省くことです。

2　～にとって　～에게 있어서

사람을 나타내는 말에 붙어「그 입장에서 본다면」이라는 뜻을 나타낸다.

- あなたにとって、今、一番重要な問題は何ですか。
- 将来、女性にとって働きやすい環境になっていく。
- 中国人にとっては、漢字は難しくない。
- 森林は私たちにとってどんな役割を果たしているのでしょうか？

cf) 회사, 학교, 나라 등 조직을 나타내는 말에도 붙는다.

- あなたは会社にとって必要な人間ですか？　不要な人間ですか？
- どの国が世界にとって最も善良な国ですか。

3　～まま　～한 채, ~그대로

같은 상태가 변함없이 계속됨을 나타낸다.

- こう暑いと、スーツを着たままプールに飛び込みたくなります。
- このホテルはオープンして半年、まだまだ新しいままです。
- 花をきれいなまま長持ちさせるコツを教えてください。
- 10年ぶりに会ったが、彼は昔のままだった。

4　～ではなくなる　～가 아니게 되다

어떤 일로 인해 더 이상 그 상태가 유지되지 않음을 나타낸다.

- この本を読むと、悩みが悩みでなくなります。
- 早期発見・早期治療により、がんは不治の病ではなくなりました。
- すべて正社員でこなす時代ではなくなりました。
- 大量輸送手段にもっとお金を投資すべきです。そうすれば、今のように車は必要ではなくなります。

夢(ゆめ)

친밀체

キム・ウビン	子供の頃、何になりたいと思ってた？
山中美香	私は、花屋さん。花が好きだったから。ウビン君は？
キム・ウビン	ぼくはパン屋さん。
山中美香	パンが好きだったの？
キム・ウビン	うーん、**なんとなく**。よく覚えてないけど。
山中美香	じゃあ、今の夢は？ 卒業後はどうするつもり？
キム・ウビン	ぼくは先生になりたい。韓国人の学生に日本語を教えたり、外国人に韓国語を教えたり。
山中美香	へえ、そうなんだ。私は、夢がない**って言われる**かもしれないけど、公務員かなぁ。
キム・ウビン	安定してるからいい**じゃない**。

山中美香	そう？ でも、今は公務員になるのって難しいよね。
キム・ウビン	結局、今の時代に簡単に入れるところなんてないんだよね。
山中美香	そういうことだね。

✅ ポイントチェック②

1 なんとなく　어쩐지, 왠지, 아무 생각 없이

명확한 이유가 없는 막연함을 나타낸다.

- なんとなくデートを重ね、気づいたら付き合っていた。
- 飲みすぎているわけでもないのに、なんとなく胃の調子が悪いと感じることはありませんか？
- 味はいいんだけど、なんとなく不満足でした。
- いつまで続くかわからないけど、なんとなく始めてみました。

2 〜って言われる　〜라고 듣다

타인에게 들은 것을 표현할 때 쓰인다.

- 「ありがとう」って言われる仕事がしたい。
- そもそも誰に古いって言われたの？
- おしゃれって言われたい。
- 今さら遅いって言われそうですが…。

3　～じゃない（断定）　～잖아 (단정)

부정이 아닌 단정을 나타낼 경우로 끝을 내려 발음한다.

- あら、雨じゃない。洗濯物入れなくちゃ。
- 美味しくないと聞いてたけど、美味しいじゃない。
- どうせお子さんいるんだから、ひとりもふたりも一緒じゃない。
- 自分で描けばいいじゃない。

cf)「じゃない」는「いや、嘘じゃない」와 같은 부정문일 경우에는「な」를 높게 발음하고,「嘘じゃない？」와 같은 부정의문문인 경우에는 끝을 올려 발음한다.

メモ

自由に話しましょう

1．どんな会社に就職したいですか。給料、休日などの希望を言いましょう。

2．あなた自身の今の目標を話してください。

3．韓国の大学の図書館が公務員試験やより認知度の高い大学への編入試験の準備をするための塾の自習室のようになっていることについて、どう思いますか。

4．いつもどこで勉強しますか。どこで勉強をすれば、はかどりますか。

5．10年後は何をしていると思いますか。

第12課 単語

将来

就職率　취직률
躍進　약진
需要　수요
供給　공급
ミスマッチ　부조화
原因　원인
高卒　고졸
新規人材　신규인재
上回る　웃돌다
短大卒　전문대졸
出世　출세
学歴インフレ　학력 인플레
親の干渉　부모의 간섭
解放　해방

遊び場　노는 장소
目標　목표
大勢　많은 사람
探求　탐구
認知度　인지도
編入　편입
塾　학원
自習室　자습실

◦―【ポイントチェック】―◦

戦いを避ける　싸움을 피하다
見つめなおす　다시 주시하다
省く　줄이다, 생략하다
役割を果たす　역할을 다하다

不要　불필요
善良　선량
スーツ　정장
飛び込む　뛰어들다
長持ちする　오래가다
コツ　요령
早期発見　조기 발견
不治の病　불치병
正社員　정식 사원
こなす　처리하다
輸送手段　수송수단
投資　투자

夢

安定　안정
結局　결국
時代　시대

◦―【ポイントチェック】―◦

気づく　알아차리다, 정신이 들다
飲みすぎる　과음하다

調子が悪い　컨디션이 안좋다
不満足　불만족
おしゃれ　멋쟁이
今さら　새삼, 이제와서
洗濯物　세탁물, 빨랫거리
どうせ　어차피

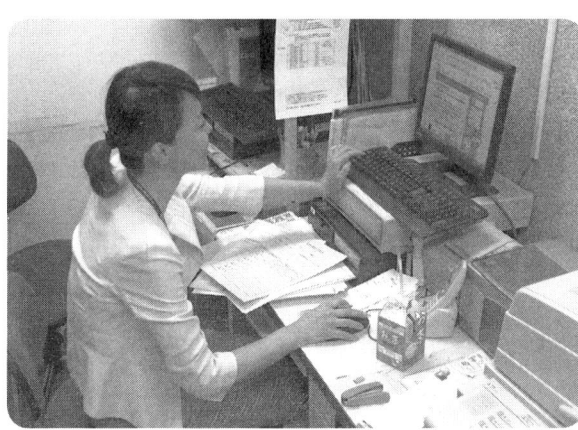

해설집

제1과 신입생 환영회 | 정중체 |

야마나카 미카 기타 동호회 여러분, 안녕하세요? 다 모인 것 같으니 슬슬 시작할까요?

다카하시 가즈오 그래요. 그럼, 기무라 씨, 건배 선창 부탁합니다.

기무라 다카시 회장 기무라입니다. 오늘은 이런 모임에 모여 주셔서 감사합니다. 모처럼의 기회이니 서로 허심탄회하게 이야기합시다. 그럼 모두 다 즐거운 시간보내시길 바랍니다. 건배!

다카하시 가즈오 그럼, 이쪽부터 순서대로 자기소개 부탁합니다.

스즈키 아야 처음 뵙겠습니다. 스즈키입니다. 중학생 때부터 기타를 쳤습니다. 입시 때문에 1년 정도 쉬었습니다만, 대학에 입학했으니 다시 시작하려고 합니다. 잘 부탁합니다.

이유리 2학년 이유리입니다. 초등학교 5학년 때에 시작했습니다. 잘 부탁합니다.

김우빈 법대 3학년 김우빈입니다. 한국에서 왔습니다. 기타는 전혀 못 쳤습니다만, 여러분이 가르쳐 주셔서 조금이나마 칠 수 있게 되었습니다. 앞으로도 잘 부탁드립니다.

친구 집을 방문하다 | 친밀체 |

다카하시 가즈오 여보세요.
이유리 아, 여보세요. 지금 역에 막 도착했는데.
다카하시 가즈오 늦었네.
이유리 응, 나올 때 좀 이것저것 급한 일이 생겨서. 역에서 어떻게 가면 돼?
다카하시 가즈오 서쪽 출구로 나왔지?
이유리 응, 그래.
다카하시 가즈오 약국 있는 길을 똑바로 쭉 올라와.
이유리 약국 있는 길?
다카하시 가즈오 그리고 공원 있는 곳에서 왼쪽으로 돌아.
이유리 공원에서 왼쪽.
다카하시 가즈오 좀 걸으면 편의점이 보일거야. 편의점까지 오면 다시 연락해.
이유리 알았어. 그럼 다시 전화할게.

제2과 벚꽃 구경 | 정중체 |

이유리 요즘 따뜻해졌어요.
다카하시 가즈오 그러네요. 낮에는 더울 정도예요.
이유리 그러고 보니 벚꽃이 피기 시작한 것 같아요.
다카하시 가즈오 오무라 공원은 지난주에 꽃이 거의 다 피었다고 해요.
이유리 그럼, 이번 주가 벚꽃 구경을 하기에 제일 좋을지도 모르겠네요.

다카하시 가즈오	네, 그러겠네요. 같이 벚꽃 구경하러 갈까요?
이유리	언제 가요? 꽃이 다 지기 전에 가는 게 좋겠죠.
다카하시 가즈오	주말에는 사람이 많을 테니까 평일이 좋지 않을까요?
이유리	그러겠네요. 내일은 어때요?
다카하시 가즈오	저녁까지 아르바이트가 있으니 그 다음이라면 괜찮아요.
이유리	그럼 야간 벚꽃 구경을 즐길 수 있겠네요.
다카하시 가즈오	네, 그러겠네요. 한국에서도 벚꽃 놀이를 해요?
이유리	네. 한국에서는 걸어 다니면서 벚꽃 구경을 해요. 포장마차에서 음식을 파니까 사서 먹어요. 일본처럼 벚꽃 나무 아래에 앉아서 도시락을 먹지는 않아요.
다카하시 가즈오	그럼 일본처럼 자리를 미리 잡는 일은 안 하겠네요?
이유리	물론, 안 해요.

매화 명소 | 친밀체 |

김우빈	매화로 유명한 명소가 어디야?
야마나카 미카	미토에 있는 가이라쿠엔이 유명해.
김우빈	가이라쿠엔은 일본 3대 정원 중에 하나지?
야마나카 미카	맞아.
김우빈	가나자와에 있는 겐로쿠엔하고 오카야마에 있는 고라쿠엔에는 가 봤는데, 가이라쿠엔에는 안 가 봤네.
야마나카 미카	아아, 그래.
김우빈	응, 그래서 가이라쿠엔에 한 번 가보려고.
야마나카 미카	꼭 가봐. 안에는 100종류, 3000그루의 매화가 심어져 있어.
김우빈	와우!

| 야마나카 미카 | 아마 2월 하순에서 3월 말경까지 매화 축제 기간일거야. |
| 김우빈 | 더 가고 싶어진다. |

제3과 병 | 정중체 |

김우빈	사토 씨는 오늘도 안 옵니까?
야마나카 미카	네, 그런 거 같아요.
김우빈	황금 연휴가 끝나고 거의 학교에 안 오네요.
야마나카 미카	그러게요. 저도 걱정하고 있었어요. 몸이 나른하고 의욕이 안 생긴다고 하더라구요.
김우빈	그거 5월병 아니에요?
야마나카 미카	역시 그렇게 생각해요?
김우빈	연휴 전에는 매일 열심이었는데.
야마나카 미카	한국에도 5월병이 있어요?
김우빈	5월병하고는 좀 다른데 월요병이라는 게 있어요.
야마나카 미카	그건 무슨 병이에요?
김우빈	월요일이 되면 뭘 하고자 하는 마음이 전혀 안 생기는 거예요.
야마나카 미카	아, 그래요? 일본에는 '사자에상 증후군'이라는 게 있어요.
김우빈	그게 뭐예요?
야마나카 미카	일요일 저녁부터 심야 사이 특히 후지텔레비전에서 6시 반부터 방영되는 '사자에상'이라는 만화가 있어요. 그것을 본 후에 다음 날부터 다시 학교에 가서 공부하거나 회사에서 일을 해야 한다는

현실에 직면해 기분이 우울해지며 몸의 아픈 곳이나 권태감을 호소하는 증상이에요.

운동 | 친밀체 |

다카하시 가즈오	좀 살이 빠진 거 아냐?
이유리	그래? 사실은 조깅하고 있거든.
다카하시 가즈오	언제부터?
이유리	2주일 정도 전부터.
다카하시 가즈오	왜?
이유리	이제 곧 여름이라서 살 좀 뺄라고. 넌 뭔가 해?
다카하시 가즈오	나는 다리가 아파서.
이유리	병원에 가지?
다카하시 가즈오	지금 정형외과에 다니고 있어.
이유리	그래? 빨리 나으면 좋겠다. 좋아지면 같이 운동하자.
다카하시 가즈오	그래. 난 다이어트 하려고 해도 3일 만에 포기하고 늘 계속 못 해.
이유리	그렇구나. 그럼 다음에는 꼭 성공시키자.

결혼식 | 정중체 |

김우빈	다음 달에 김 선생님 아드님이 결혼한대요.
야마나카 미카	그래요. 결혼식에 가요?
김우빈	전 갈 거예요. 김 선생님께는 신세를 많이 져서.
야마나카 미카	난 어떡하지. 저도 김 선생님께는 신세를 많이 졌는데 아드님은 한 번도 만난 적이 없어서.
김우빈	저도 아드님을 한 번도 만난 적이 없어요.
야마나카 미카	아, 그래요? 일본이라면 안 가요.
김우빈	왜요?
야마나카 미카	결혼식에 초대되지 않은 사람은 못 가요. 원래 결혼식에 초대되는 사람은 결혼 당사자의 친구나 일과 관계있는 사람이 중심이에요. 한 번도 만난 적이 없는 사람이 초대되는 일은 없어요.
김우빈	아, 그래요? 한국과는 다르네요.
야마나카 미카	아, 그러고 보니 김 선생님 아드님이 사내 결혼이래요.
김우빈	그래요?
야마나카 미카	상대 여성이 3살 연상인 것 같아요.
김우빈	어떻게 그런 것까지 알아요?
야마나카 미카	김 선생님에게 들었어요.

| 일본 결혼식에 초대받고 | | 친밀체 |

이유리　　　　　좀 물어보고 싶은 게 있는데. 괜찮아?
다카하시 가즈오　응. 물어봐.
이유리　　　　　사실은 일본인 친구한테 이게 왔어.
다카하시 가즈오　아, 결혼식 초대장이네. 물론 갈 거지?
이유리　　　　　응. 그래서 축하선물을 하고 싶은데 일본에서는 보통 어떤 거 줘?
다카하시 가즈오　음. 뭐 대개 돈이지.
이유리　　　　　그리고 입을 옷 말인데 역시 긴 드레스 입어야 돼?
다카하시 가즈오　안 길어도 될 거야. 근데 캐주얼한 복장은 실례가 되니까 역시 잘 차려입어야 되겠지.
이유리　　　　　응, 알았어.
다카하시 가즈오　아, 그리고 신부보다 예쁘게 해서는 안 돼.
이유리　　　　　하하하, 그건 괜찮아. 여러 가지 고마워. 덕분에 도움이 됐어.
다카하시 가즈오　천만에.

제5과　여름방학 계획　　　| 정중체 |

다카하시 가즈오　이제 곧 여름방학이네요.
이유리　　　　　그러네요. 여름방학은 어떻게 보낼 예정이에요?
다카하시 가즈오　모처럼 긴 휴일이니까 한 달 정도 아르바이트해서 그 돈으로 어디 해외에 가서 보내려고 해요. 국내에서 여행하는 것보다도 싸고.

이유리	어떤 아르바이트를 할 거에요?
다카하시 가즈오	편의점에서 하려고 생각하고 있어요. 이 씨는 여름방학 어떻게 보낼 거예요?
이유리	저는 일본어 공부할 거예요.
다카하시 가즈오	공부 열심히 하시네요.
이유리	그렇지는 않은데요. JLPT에서 1급을 못 따면 교환유학을 갈 수 없어서요.
다카하시 가즈오	그렇군요. 힘들겠네요.
이유리	작년에도 여름방학 기간에 일본어 공부를 해서 1급 따려고 했는데 결국 공부를 많이 못 해서. 올해는 꼭 공부해서, 1급에 합격하고 싶어요.

공항에서 만나다 | 친밀체 |

다카하시 가즈오	유리야, 안녕.
이유리	아, 안녕.
다카하시 가즈오	이런 곳에서 만나다니.
이유리	그러게. 일본 가?
다카하시 가즈오	응, 여름방학이라서. 한 달 정도. 너는?
이유리	난 호주에. 친구가 있어서.
다카하시 가즈오	와, 좋겠다. 그럼 비행기 표만 샀어?
이유리	응. 친구 집에서 묵으려고.
다카하시 가즈오	돈은 환전했어?
이유리	물론. 집 근처 은행에서.
다카하시 가즈오	조심해서 다녀와.

이유리	응, 고마워. 너도 일본에서 잘 있다 와.
다카하시 가즈오	고마워. 아, 맞다. 일본에서 선물 사올게.
이유리	어, 정말!? 그럼 나도 호주에서 뭐 사올게.

제6과 이상 기상 | 정중체 |

야마나카 미카	매일 덥네요.
김우빈	그러네요. 오늘도 30도 넘은 거 같아요.
야마나카 미카	이렇게 더울 때는 에어컨 없으면 안 되겠네요.
김우빈	에어컨을 켜면 전기료가…….
야마나카 미카	에어컨을 안 켜서 열사병으로 사망하는 사람도 있다고 해요. 매일같이 뉴스에서 보도해요. 텔레비전은 안 봐요?
김우빈	뉴스는 별로 안 봐요.
야마나카 미카	그래서 더울 때는 에어컨을 켜고 지내는 게 좋아요. 그리고 수분 보충도 잊지 말고요.
김우빈	작년 여름은 덥지 않아서 지내기 편했는데요.
야마나카 미카	그러게요. 그런데 일조량 부족으로 쌀농사가 흉작이라고 했잖아요. 농가는 날씨에 좌우되니 힘들겠어요.
김우빈	그러고 보니 최근에는 비가 세차게 내리는 날이 많네요. 어제도 비가 많이 와서 힘들었고.
야마나카 미카	듣고 보니 최근에는 짧은 기간에 집중해서 내리네요.
김우빈	이렇게 비가 세차게 내리는 날이 많으니 농업에 영향을 미치죠.
야마나카 미카	그러네요. 이것도 소위 말하는 지구온난화 영향일지도 모르겠네요.

재해　　　　　　　　　　　　　　　　　　　　　　　　| 친밀체 |

야마나카 미카	어제 지진 있었지.
김우빈	응, 깜짝 놀랐어.
야마나카 미카	진도 3이었대.
김우빈	그걸로?
야마나카 미카	응. 진도 4나 5는 더 크게 흔들려. 반대로 진도1이나 2정도면 흔들려도 모를지도 몰라.
김우빈	그렇구나.
야마나카 미카	일본에 살면 지진에도 익숙해지지?
김우빈	글쎄, 몇 번 경험해도 지진은 역시 무서워.
야마나카 미카	일본에서는 무서운 것으로 지진, 벼락, 화재, 아버지라고 하는데 너는 어느 게 제일 무서워?
김우빈	역시 지진하고 벼락인가. 화재도 무섭지만 다행히도 아직 경험한 적이 없어서.
야마나카 미카	그렇구나. 아버지는?
김우빈	아버지는 그다지 안 무서워.
야마나카 미카	최근에는 아버지가 무섭다고 하는 사람은 적어진 것 같아.
김우빈	응, 오히려 엄마가 더 무서운 것 같아.
야마나카 미카	하하하, 그래?

가을 가지는 며느리에게 먹이지 말라 | 정중체 |

야마나카 미카 이 가지, 맛있네요.
김우빈 그러네요.
야마나카 미카 특히 가을 가지는 맛있잖아요.
김우빈 그래요?
야마나카 미카 '가을 가지는 며느리에게 먹이지 말라'는 속담이 있을 정도예요.
김우빈 그건 무슨 의미예요?
야마나카 미카 '맛있는 가을 가지는 아까우니까 며느리에게는 먹이지 말라'는 시어머니가 며느리 괴롭히는 말이에요. 하지만 반대로 '가지는 몸을 차게 하고 씨가 적으니 아이가 안 생기면 안 되니까 며느리에게는 먹이지 말라'는 며느리를 소중히 여기는 말이기도 해요. 한국에는 어떤 속담이 있어요?
김우빈 '천고마비'라는 말이 있어요. 하늘이 높고 맑으며 말이 식욕이 늘어 살이 찌고 강인해지는 가을이라는 의미예요. 가을이 좋은 시기라는 말이죠.
야마나카 미카 일본어로「天高く馬肥ゆる秋」와 같네요.

수확의 가을 | 친밀체 |

이유리 사과, 먹을래?
다카하시 가즈오 아니, 오늘은.
이유리 어, 왜? 사과 좋아하잖아.
다카하시 가즈오 사실은 어제 사과밭에 가서 질릴 정도로 먹어서 당분간은 먹을 맘이 안 들 거 같아.

이유리	아. 그래.
다카하시 가즈오	응, 넌 사과 따기 해 본 적 있어?
이유리	사과는 아니고 포도 따기 해 본 적 있어.
다카하시 가즈오	포도 따러 가는 것도 좋지. 난 김 선생님하고 같이 밤 줍기 한 적이 있는데 재미있었어.
이유리	산에 갔어?
다카하시 가즈오	응. 그리고 시골에 가서 감자 캐기도 한 적 있어.
이유리	와, 그런 거 좋아하는구나.
다카하시 가즈오	응, 드라이브 간 김에 좋은 곳이 있으면.
이유리	그렇구나.
다카하시 가즈오	그런데 한국 사람은 밤을 생으로 먹더라구?
이유리	일본에서는 안 먹어?
다카하시 가즈오	밤은 생으로 안 먹어.

제8과 마쓰리 |정중체|

야마나카 미카	다음 달에는 제 고향에서 다나바타마쓰리가 있어요.
김우빈	야마나카 씨 고향이 센다이였던가요? 센다이 다나바타마쓰리는 동북 3대 마쓰리 중에 하나죠?
야마나카 미카	네, 맞아요.
김우빈	어떤 마쓰리예요? 전 한 번도 가 본 적이 없어서.
야마나카 미카	아케이드 거리나 센다이 역 부근에 대규모 장식을 해요. 그 외에

	도 상점이나 가정 등에서도 개별적으로 장식을 해서 온 거리가 다 나바타 분위기로 변해요.
김우빈	와, 재미있겠네요. 전 아오모리 네부타마쓰리에 가 본 적이 있어요.
야마나카 미카	어땠어요?
김우빈	매우 크고 박력이 있었어요. 종이로 만들어져 있다고는 생각되지 않았어요.
야마나카 미카	전 아직 안 가 봤는데 가 보고 싶네요.
김우빈	아, 그러고 보니 한국에도 비슷한 마쓰리가 있네요.
야마나카 미카	어떤 마쓰리예요?
김우빈	연등 축제요. 음력 4월 8일이 석가탄신일인데 그 시기에 한국 여기저기에서 제등이 달리게 되죠. 서울시청 앞 광장에는 웅대한 기념물이 설치돼요. 기념물 모양은 매년 달라요. 그리고 저녁이 되면 매일 불이 켜진답니다.

대학축제 | 친밀체 |

다카하시 가즈오	이제 곧 대학축제네.
이유리	그러네. 올해는 뭐 하지?
기무라 다카시	다코야키는 어떨까?
다카하시 가즈오	근데 다코야키 굽는 게 어려워. 작년에 힘들었잖아.
기무라 다카시	그래도 역시 음식이 좋잖아. 야키소바는 어때?
다카하시 가즈오	야키소바라면 잘 만들 수 있을 것 같다. 근데 재료비가 비쌀 거 같은데.
이유리	왜?
다카하시 가즈오	야기소바라면 고기를 넣어야 되잖아.

기무라 다카시	아, 그런가? 다른 사람에게도 물어 볼까?
이유리	그래. 그러자. 음료수는 어떻게 해? 역시 술이 좋지.
다카하시 가즈오	어? 일본 대학축제에서는 술 판매는 안 돼.
이유리	그래? 한국에서는 술이 없으면 대학축제 분위가 안 나는데. 술이 없는 대학축제라니.
기무라 다카시	아, 그렇구나. 일본에서는 대학 안에서 술을 판다는 것은 생각할 수 없는데.
이유리	그래도 술이 있으면 분위기도 금방 좋아지고 재미있어.
다카하시 가즈오	진짜 그러겠다. 한국 대학축제 한 번 보고 싶다.

제9과 경축일 | 정중체 |

김우빈	더위도 누그러지고 지내기 편해졌어요.
야마나카 미카	그러네요. 아침저녁으로는 쌀쌀해요.
김우빈	이제 완전히 가을이네요.
야마나카 미카	산의 나무도 예쁘게 단풍이 들었어요.
김우빈	단풍놀이 안 갈래요?
야마나카 미카	네, 좋아요. 가요.
김우빈	다음 주 수요일은 어때요?
야마나카 미카	아, 문화의 날이네요. 좋아요.
김우빈	그런데 왜 11월 3일이 문화의 날이에요?
야마나카 미카	일본 헌법이 공포된 날이에요. 평화와 문화를 중시해서 '문화의 날'이 되었다고 해요.

김우빈	그러고 보니 골든 위크 중에 헌법기념일이 있었죠? 뭐가 달라요?
야마나카 미카	아, 5월 3일요? 헌법 시행을 기념하는 날이에요.
김우빈	그리고 천황과 관계있는 휴일이 있다고 들었는데요.
야마나카 미카	천황 생일 말인가요? 12월 23일이에요.
김우빈	크리스마스 휴일과 가깝네요.
야마시타 미카	12월 25일요? 일본에서는 크리스마스는 휴일이 아니에요.

여행 | 친밀체 |

이유리	이거 선물.
다카하시 가즈오	겨울방학 때 어디 갔었어?
이유리	응, 이시카와 현에 있는 와쿠라 온천에 갔다 왔어.
다카하시 가즈오	아, 그거 잘 했네. 이시카와 현은 유명한 온천이 많지. 생선도 맛있고.
이유리	맞아. 생선 요리 많이 먹었어. 맛있었어.
다카하시 가즈오	와, 부럽다.
이유리	그래도 제일 좋았던 것은 온천이야.
다카하시 가즈오	노천탕에도 들어갔어?
이유리	물론. 그게 최고였어.
다카하시 가즈오	역시 추운 겨울에 들어가는 온천은 좋아. 게다가 온천으로 유명한 곳은 왠지 음식도 맛있더라.
이유리	맞아 맞아.
다카하시 가즈오	나도 오랜만에 가고 싶다.

면접 준비

| 정중체 |

야마나카 미카	요전에 야마모토 상사에 서류 냈었죠?
김우빈	네. 맞아요.
야마나카 미카	어땠어요?
김우빈	덕분에 1차 선발에 붙었어요.
야마나카 미카	그거 잘 됐네요.
김우빈	감사합니다. 그래서 다음 주에 야마모토 상사 면접이 있어요. 어떤 점에 신경 써야 할까요?
야마나카 미카	음, 말할 때 면접관 얼굴을 보고 말하도록 하는 게 좋아요. 그리고 확실하게 큰 목소리로 말하도록 하세요.
김우빈	그 외에는 없어요?
야마나카 미카	긴장하면 굳어서 화난 듯한 얼굴이 되니 밝고 친근한 인상을 주도록 가볍게 웃는 얼굴을 하도록 하는 게 좋아요.
김우빈	의자에 앉아 있을 때 주의할 점이 있습니까?
야마나카 미카	뒤로 기대지 않도록 의식하고 등을 똑바로 세우는 게 좋아요. 그리고 무의식중에 다리를 꼬거나 떨거나 하지 않도록 하는 게 좋아요.
김우빈	차가 나오면 어떻게 하면 좋아요?
야마나카 미카	'드세요'라고 권하면 마시세요.

| 면접 경험담 | | 친밀체 |

이유리	지난주에 면접이었지? 어땠어?
다카하시 가즈오	엄청 긴장했어.
이유리	뭐 물어봐?
다카하시 가즈오	처음에는 자기 PR, 그리고 지망 동기.
이유리	잘 대답했어?
다카하시 가즈오	응, 그 2개는 준비했으니까. 그 다음은 희망하는 부서라든가, 회사 이미지라든가. 잔업이나 휴일 근무에 대해서도 물어보던데.
이유리	꽤 여러 가지 물어보네.
다카하시 가즈오	그러더라. 근데 너무 긴장해서 도중에 뭐라 대답했는지 스스로도 기억 못해.
이유리	그래도 너니까 분명히 잘 대답했을 거야.
다카하시 가즈오	그러면 다행이지만.

제11과 연하장 | 정중체 |

이유리	저, 죄송합니다. 연하엽서 밑에 쓰여 있는 이 숫자는 뭐예요? 한 장씩 번호가 다른 거 같은데요.
다카하시 가즈오	그 번호로 추첨해요. 당첨된 사람이 경품을 받는 거예요.
이유리	어떤 것이 당첨돼요?
다카하시 가즈오	먹을 것이나 음료수 같은 거예요.
이유리	저도 받을 수 있어요?

다카하시 가즈오	연하엽서의 번호가 당첨번호와 일치하면 물론 받을 수 있어요.
이유리	나도 당첨되면 좋겠다. 다카하시 씨는 연하장 다 썼어요?
다카하시 가즈오	아뇨, 아직 안 썼어요.
이유리	25일까지 부치지 않으면 1월 1일에 배달 안 되지 않나요?
다카하시 가즈오	맞아요. 빨리 준비해야 해요.
이유리	전부 손으로 쓸 거예요?
다카하시 가즈오	아뇨. 컴퓨터로 만들어서 프린터기로 인쇄할 거예요.
이유리	전 일러스트가 있는 연하엽서를 편의점에서 사려고 해요.

크리스마스 | 친밀체 |

야마나카 미카	이제 곧 크리스마스네.
김우빈	그러네.
야마나카 미카	다 같이 크리스마스 파티 안 할래?
김우빈	어? 일본에는 크리스천 적지 않아?
야마나카 미카	크리스천이 아니더라고 크리스마스 파티는 해. 종교와 상관없이.
김우빈	아, 그렇구나. 그런데 뭐 먹어?
야마나카 미카	아직 안 정했는데. 요즘 추우니까 나베 같은 거 어떨까?
김우빈	따뜻하고 좋네. 다 같이 먹으면 맛도 있고.
야마나카 미카	그리고 크리스마스 케이크도 준비해야 하는데.
김우빈	크리스마스 카드는 보냈어?
야마나카 미카	일본에서는 크리스마스 카드를 보내는 사람은 거의 없어.
김우빈	그래? 한국에서는 친구들한테 잘 보내는데.
야마나카 미카	넌 벌써 보냈어?
김우빈	아직 안 보냈는데 보낼 거야.

제12과 장래 | 정중체 |

김우빈	뉴스에서 봤는데요, 한국 대학보다 일본 대학이 더 취직률이 높다고 하네요.
야마나카 미카	아, 그래요? 삼성이나 현대자동차가 활약하고 있는데 한국은 왜 취직률이 낮아요?
김우빈	수요와 공급의 불균형이 원인이라고 합니다.
야마나카 미카	그게 무슨 말이에요?
김우빈	고졸 신규 인재는 공급보다도 수요가 웃돌고 있어요. 그런데 전문대 졸업 이상에서는 반대로 수요보다도 공급이 크게 웃돌고 있다고 하네요.
야마나카 미카	그래요?
김우빈	네. 한국 사회에서는 대졸=출세, 혹은 모든 것의 시작이라는 의식이 퍼져 있고 학력 인플레에 의한 쓸데없는 교육비가 지출되고 있어요. 그래서 대학입시를 마친 젊은이들에게 대학은 부모의 간섭에서 해방된 자유로운 놀이터가 되어 버렸죠.
야마나카 미카	그건 일본에서도 상황이 같아요. 물론 자신의 장래를 꿈꾸며 열심히 하는 학생도 있지만, 아무런 목표도 없이 4년간 대학생활을 보내는 학생들도 많아요.
김우빈	최근 한국의 대학 도서관은 더 이상 전문적인 지식을 탐구하는 장소가 아니에요. 공무원 시험이나 보다 인지도가 높은 대학에 가기 위한 편입 시험을 준비하는 학원 자습실같이 되어 버렸어요.

꿈 | 친밀체 |

김우빈 어렸을 때 뭐 되고 싶었어?

야마나카 미카 난 꽃집 주인. 꽃을 좋아했거든. 넌?

김우빈 난 빵집 주인.

야마나카 미카 빵 좋아했어?

김우빈 음, 그냥. 잘 기억이 안나는데.

야마나카 미카 그럼 지금 꿈은? 졸업 후에는 뭐 할 거야?

김우빈 난 선생님이 되고 싶어. 한국인 학생에게 일본어를 가르치거나 외국인에게 한국어를 가르치거나.

야마나카 미카 아, 그렇구나. 난 꿈이 없다고 할지도 모르지만, 공무원.

김우빈 안정되고 좋잖아.

야마나카 미카 그래? 근데 지금은 공무원 되는 게 어려워.

김우빈 결국 지금 시대에 간단히 들어갈 수 있는 곳은 없지.

야마나카 미카 맞아.

문화로 배우는 오모시로이 일본어

초판 1쇄 발행일 2015년 9월 8일

지은이 허인순·아오모리 쓰요시·김은모·오오타니 유카
펴낸이 박영희
책임편집 유태선
디자인 김미령·박희경
마케팅 임자연
일러스트 변아롱
인쇄·제본 태광인쇄
펴낸곳 도서출판 어문학사
　　　　서울특별시 도봉구 쌍문동 523-21 나너울 카운티 1층
　　　　대표전화: 02-998-0094/편집부1: 02-998-2267, 편집부2: 02-998-2269
　　　　홈페이지: www.amhbook.com
　　　　트위터: @with_amhbook
　　　　인스타그램: amhbook
　　　　블로그: 네이버 http://blog.naver.com/amhbook
　　　　　　　　다음 http://blog.daum.net/amhbook
　　　　e-mail: am@amhbook.com
　　　　등록: 2004년 4월 6일 제7-276호

ISBN 978-89-6184-385-0　13730
정가 12,000원

이 도서의 국립중앙도서관 출판예정도서목록(CIP)은 e-CIP홈페이지(http://www.nl.go.kr/ecip)와
국가자료공동목록시스템(http://www.nl.go.kr/kolisnet)에서 이용하실 수 있습니다.
(CIP제어번호: CIP2015023325)

※잘못 만들어진 책은 교환해 드립니다.